ドラゴン伝承地別 INDEX

本書で紹介する各ドラゴンを、伝承地ごと、あるいは伝承している宗教や文献ごとに分類して紹介します。

●北欧
- ニーズヘッグ ……………………… 94
- ファフニール ……………………… 110

●メキシコ・中米
メキシコ
- ケツァルコアトル ……………… 60

マヤ文明（メキシコ、グアテマラ周辺）
- イツァムナ ………………… 32

●ユダヤ・キリスト教の伝承
- 聖ゲオルギウスのドラゴン ……… 74
- 聖ダニエルのドラゴン ………… 76
- 黙示録の赤い竜 ………… 128

それぞれの名前についているマークは、ドラゴンのタイプをあらわしています。
- 🐲……ドラゴン
- 🐉……飛竜
- 🧝……竜人
- 🐍……龍

●西欧
ヨーロッパ各地
- ファイアードレイク ………… 108
- リントヴルム ……………… 136

ブリテン島
- 赤い竜と白い竜 …………… 28
- スピンドルストンのドラゴン …… 72
- ベオウルフのドラゴン ……… 116

フランス
- ヴィーヴル ………………… 36
- ガルグイユ ………………… 50
- タラスクス ………………… 78
- ペルーダ …………………… 118
- メリュジーヌ ……………… 126

スペイン
- エレンスゲ ………………… 42
- クエレブレ ………………… 54

スイス
- ピラトゥス山のドラゴン ……… 106

●東欧
ポーランド
- ヴァヴェルのドラゴン……………34

リトアニア
- アイトワラス …………………20

セルビア
- 火竜ヴークとヤストレバッツの怪竜…48

ハンガリー
- フェルニゲシュ ………………114

ルーマニア
- サルコテア大王と四竜王 ……68
- スコルピアー家 ………………70
- 勇士ペトレアのズメウ………132

アルバニア
- ボラ／クルシェドラ………122

ロシア
- ゴルィニシチェ ………………66
- トゥガーリン・ズメーヴィチ……82

●その他アジア
ブータン
- ルナナの龍 …………142

フィリピン
- バクナワ ……………96

中東・西アジア
アルメニア
- ヴィシャップ …………………38

イラン
- カシャフ川のドラゴン…………46

イラク
- ムシュフシュ …………124

エジプト
- アスプ …………………26

●東アジア
中国
- 応龍 ……………………44
- 吉弔 ……………………52
- 虹蜺 ……………………64
- 蟄龍 ……………………80
- 東海龍王敖廣 …………84
- 白龍馬 …………………98

日本
- 九頭龍 …………………58
- トヨタマビメ …………86
- 左甚五郎の龍 …………102
- 弁才天 …………………120
- ラプシヌプルクル ……134

●仏教の伝承
- 俱利伽羅龍 ……………56
- 難陀龍王＆跋難陀龍王 ………90
- 龍女 …………………140

●博物誌・東方旅行記
- エチオピアのドラゴン………40
- ドラゴンメイド ………88
- バジリスク ……………100
- コカトリス ……………100
- ピュラリス ……………104

東洋の案内役のご紹介！

本書の案内役をつとめる、東洋のドラゴンふたりを紹介します！

> もー、宝物庫に如意宝珠があったなんて聞いてないよー。
> この水の神たるわたしが起こす洪水なんだから、
> どんな遠くまで流れつくかわかったものじゃないよ。
> 探すのめんどくさいなあ……。

応龍（おうりゅう）

中国を支配する偉大な帝王「黄帝」に仕えるドラゴン。水や雲を自在にあやつる能力があり、間違いなく偉大な力を持つドラゴンなのだが、生来のなまけ癖や"抜けた"言動のせいで、いまいち尊敬されていない。

> 応龍さま〜、
> もうやっちゃったものはしかたがないでちよ。自業自得でち。
> とにかく宝珠を探し当てないと宮廷にも帰れないし……。
> 手がかりどこにもないでちけど。

みずちー

龍の幼生である水棲の蛇「咬」の子供。応龍のアシスタントとして、象さんじょうろで中国の大地に恵みの雨を振りまいている。応龍の引き起こすトラブルにいつも巻き込まれ、まだ子供なのに苦労人の風格が……。

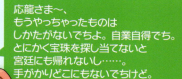

西洋の案内役のご紹介!

本書の案内役をつとめる、ヨーロッパのドラゴンふたりを紹介します!

うふふ♥ こんなにりっぱな宝珠なら、ジークへのプレゼントにぴったりね♥ オ・ア・ズ・ケになってるハネムーンで、ふたりきりのビーチの夕暮れで甘いキス……キャーッ! キャーッ! どこの誰が知らないけど素敵なものをありがとーっ♪

ファフニール

北欧に住む火を吹くドラゴン。もともとは4つ足に鱗の完全なドラゴンの姿だったが、自分を倒した勇者に惚れ込んだあまり、人間に変身する力を身につけてしまった。

もう、ママってば、宝物ならたくさん持っているじゃないですか。落とし物はちゃんと持ち主に返さないとだめなんですよ? それにしても、なんで樹の上の鳥さんの巣に、こんな珠があったんでしょう?

ファーファ

ファフニールのタマゴから生まれた赤ちゃんドラゴン(♀)。生後それほどたっていないのにしっかり者かつ物知りで、ママに普段は甘えつつも、暴走しがちなママのフォローにあたっている。

ゲストのご紹介!

4人の案内役とともにドラゴンの世界を案内する、ふたりのゲストを紹介します。

ジークフリート

かつてファフニールを倒した、北欧の勇者様。

シスター・マルグリッテ

ちょっと妄想癖があるキリスト教のシスター。

いざ合流！　東と西のドラゴンたち

すいませーん、そこのドラゴンの親子さ〜ん！
ちょっとお話聞かせてほしいでちー！

あら？　こんなところに東洋の龍さんがいるなんてめずらしいわね。
はーい、かまわないわよ〜。何を聞きたいのかしら？
このあたりは私たちのナワバリだから、いろいろ話せると思うけど。

いやー地元のドラゴンさんに聞けて助かっちゃうな〜。
実は「如意宝珠」っていう宝珠をなくしちゃってねー。
こんくらいの大きさの珠なんだけど、どこかで見なかった？

とっても大事なものなんでち。
皇帝様、宝珠をみつけるまで宮殿に入れてくれないって言ってるんでち。

このくらいの大きさの丸い珠ですか？
ちょうどよかった、それならママ（口をふさがれ）もがっ!?

（ファーファの口をふさぎながら）まあ、それは大変ね！
いいわよ〜、わたしたちも一緒に探してあげる。

ええっ、ほんと!?　それすっごい助かるよ〜！
わたしずーっと中国にいたから、ヨーロッパのことよく知らなくってさ〜。あ、わたしは応龍、水の神にして空の王！　こっちの子はみずりーね♪

よろしくね〜。私は火竜のファフニール。この子は娘のファーファ。まだ生まれたばかりなの。……さて、そんなに綺麗な宝珠なら、光り物好きのどこかのドラゴンが持ってるはずね、あちこち聞き込みして回りましょ♪

（ファフニールに口をふさがれたまま）
もがーっ！　もがもが!?　（ママーっ!?　なにやってるんですかーっ!?）

こうして、応龍とファフニールの東西デコボコドラゴンパーティは、あるはずもない如意宝珠を探して世界を巡ることになりました。応龍は宝珠のありかに気がつくのでしょうか、そしてファフニールは宝珠をどうする気なのでしょう？
4体のドラゴンが巡る珍道中のはじまりです！

はじめに

　皆が胸躍らせる「剣と魔法のファンタジー」の世界において、別格の人気を誇るキャラクター、それが「ドラゴン」です。
　巨大な体に堅固な鱗、丸太のような太い腕に生えた鋭い爪、口から吐き出す高熱の炎。そして人間をも上回る知能を持つドラゴンは、物語の主人公たちにとって、倒すべき敵であり、乗り越えるべき障害であり、ときに好意的な協力者となり、冒険の旅を大いに盛り上げてくれます。

　もともとドラゴンは文芸上の創作ではなく、世界各地の神話や伝承に登場する、世界共通の文化でした。この「萌える！ドラゴン事典」は、世界の神話伝承から55組62体のドラゴンを厳選し、イラストつきで紹介する事典です。
　ドラゴンのイラストは、資料の記述に沿ったリアルなイラストと、ドラゴンの特徴をアレンジし、女の子として描いたカラーイラストの2本立てです。リアルな姿と、女の子としての新しい魅力、両方を楽しむことができます。

　巻末の資料パートでは、ドラゴンという存在そのものについて、東洋と西洋の両面から徹底解剖。ドラゴンが生まれた理由、能力と生態、ドラゴンの倒し方など、ドラゴンのすべてを余すところなく紹介し、基本的な知識を身につけることができるでしょう。

　この本を片手に、広く奥深いドラゴンの世界へ足を踏み入れてください！

凡例と注意点

カッコの用法について
　本文内で特殊なカッコが使われている場合、以下のような意味があります。
『　』……神話伝承などの原典資料の名前
《　》……原典について解説している資料の名前

ドラゴンや人物の名前について
　この本に登場するドラゴンや、人物、地名などに表記法が複数ある場合、もっともよく使われている表記法、権威のある表記法を使います。そのためみなさんが知っている名前と若干違う名前で、ドラゴンや人物が紹介されることがあります。

「竜」と「龍」と「ドラゴン」について
　ドラゴンをあらわす漢字には、「龍」と「竜」の2種類があります。本書ではおもに西洋のドラゴンを「ドラゴン」、東洋のドラゴンを「龍」と表記しますが、場合によって西洋のドラゴンを「ドラゴン」ではなく「竜」と表記することがあります。
　ですが本来、竜と龍のあいだには意味的な違いはありません。詳細は163ページで確認してください。

はじめに確認！
ドラゴンってどんな怪物？

さて、と。すぐに宝珠を探しに、ドラゴンに聞き込みに行ってもいいんだけどね？　その前に、ドラゴンっていうのがどんなものなのかを知っておいたほうがいいわ。……それじゃ3人とも、自分の思う「ドラゴン」を好きなように話してみて？

応龍の意見は？

ドラゴンっていったら、頑丈な鱗、4本の手足を持つ最強生物ってわけ！　たしかヨーロッパのドラゴンもそんな感じでしょ？　胴体短いけど。

みずちーの意見は？

でも、ドラゴンって手足がない子もいるでちよね？　僕たち龍とおんなじように細長い体に、手足がなくて翼だけ生えてるような子でち。

ファーファの意見は？

ドラゴンってみなさんトカゲや蛇みたいな格好ですけど、なかには亀みたいに見える方とか、ライオンの頭がついてる方もいましたよね。

はいはーい、みんなありがとね〜。
いろいろ言ってみてわかったと思うけど、ひとくちにドラゴンって言っても、人によっていろんなイメージがあるわよね〜。

では、どんな怪物を「ドラゴン」と呼ぶの?

ほんとにいろんな形をしたドラゴンがいますよね、ママ。
これから会いに行くのはどんなドラゴンさんなんですか?

それがねえ、正直迷ってるのよ。世の中にはわりと「俺はドラゴンだ!」って言ってる子が多いんだけど、君どう見てもただの蛇でしょって子が多くてね。
だからね、もうわかりやすく、こういう基準で区切ることにしたわ〜♪

ドラゴン"らしい"外見のものをドラゴンと呼ぶ

うっわぁ〜……。
なんかすっごくおおざっぱな感じなんだけど!

でも、これがいちばんわかりやすい気がするでち!
宝珠のがどこにあるのかも気になるけど、中国の外にどんなドラゴンがいるのか、会うのが楽しみでち!

「ドラゴンではない」怪物の扱い

ギリシャ神話に登場する多頭の蛇ヒュドラ(→p31)。ほとんどの伝承では手足を持たないため、本書ではドラゴンには含まない。

上でもちょっと話したけど、世間でドラゴンだドラゴンだって言ってる子たちってね、ただの大きな蛇だったり、首が複数ある蛇だったり、イモムシのお化けみたいなやつだったり、そういうのがたくさん混じってるのよ〜。キミたちは、そういうのを見てドラゴンだとは思わないわよね? だからこの本では、そういう「見た目がドラゴンっぽくないもの」はドラゴンとして扱ってないのよ。
でも無視できないくらい重要な子たちもいるから、そういう子たちはコラムとか、184ページの「世界蛇の小事典」で解説してるわよ〜。

本書選定!ドラゴンの4分類

ここからは「ドラゴンっぽい見た目のドラゴン」を紹介するんだけど、そのなかでも見た目にはいくつかパターンがあるのよね。だからワタシの独断で、ドラゴンを4種類に分類するわ!

分類その① ドラゴン

4本の足を持つドラゴンです。翼を持つものも持たないものもいます。もっとも一般的なドラゴンといえます。

13ページ

分類その② 飛竜

空を飛ぶための翼を持ち、足が4本よりも少ないドラゴンです。多くの場合、蛇のような細長い胴体を持っています。

14ページ

分類その③ 竜人

人間のような骨格を持ち、直立して二足歩行するドラゴンです。東欧ではこの種のドラゴンを「ズメウ」と呼びます。

15ページ

分類その④ 龍

中国で生まれ、東アジアを中心に広まったドラゴンです。4分類のなかで唯一、外見ではなく出身地で分類しています。

16ページ

……というわけで、外見によって3パターン、出身地によって1パターン、合計4パターンに分類してみたわ〜。ここに入らない子たちは、「ドラゴンではない」っていう扱いにしておくわね。それじゃ、まずは4つの種類を説明するわ〜♪

ドラゴン Dragon

ドラゴンの4分類 その①

神話伝承に数多く登場する怪物のなかで「ドラゴン」に分類するのは、神話伝承やファンタジー作品などでもっとも一般的な、4本の足を持つドラゴンです。

多くのドラゴンは、爬虫類のように鱗のある姿で描かれます。なかには翼を持って空を飛ぶ者もいます。

「ドラゴン」の定義
- 爬虫類をベースにした外見
- 合計4本以上の前足とうしろ足がある
- 翼の有無と首の数は問わない

一般的な「ドラゴン」の特徴

硬い鱗
ドラゴンの体は、きわめて硬く、武器の攻撃をとおさない鱗に覆われている場合がほとんどです。

翼
翼を羽ばたかせて空を飛ぶことができます。ただし、翼のないドラゴンもいます。

4本の足
ドラゴンの巨大な体は、4本の足で支えられています。手足には鋭い爪が生えていることもあります。

吐息
ドラゴンは、強い毒性がある毒煙や、高温の炎の吐息を吐き出すことができます。

ほかにもこんなドラゴンがいるよ！

2本以上の頭を持つ
ドラゴンの複数の頭は、強さや宗教的な意味を表現するために作られた特徴です。2本どころか、5本、9本、多いものだと1000本に達する場合もあります。

複数の生物の混合
ドラゴンのなかには、トカゲや蛇だけでなく、サソリやライオンなど、爬虫類以外のさまざまな動物の特徴が組みあわさったドラゴンもいます。

ドラゴンの4分類 その❷

飛 竜 *Wyvern*

本書において飛竜とは、ワイバーン（→p138）、リントヴルムなどの名前で呼ばれる、空を飛ぶドラゴンを指します。飛竜には翼があり、その羽ばたきで空を飛びます。

ただし翼を持つドラゴンのなかでも、足が4本あるものは飛竜ではなく「ドラゴン」に分類しています。

「飛竜」の定義
- 爬虫類をベースにした外見
- 翼を持ち、空を飛ぶ
- 手足の本数が0本～3本

一般的な「飛竜」の特徴

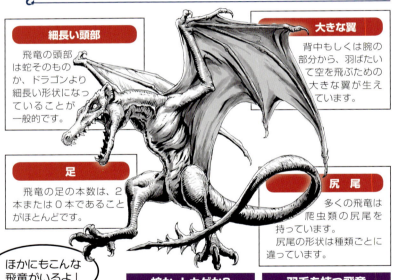

細長い頭部
飛竜の頭部は蛇そのものか、ドラゴンより細長い形状になっていることが一般的です。

大きな翼
背中もしくは腕の部分から、羽ばたいて空を飛ぶための大きな翼が生えています。

足
飛竜の足の本数は、2本または0本であることがほとんどです。

尻尾
多くの飛竜は爬虫類の尻尾を持っています。尻尾の形状は種類ごとに違っています。

ほかにもこんな飛竜がいるよ！

蛇か、トカゲか？
飛竜の大半は、古代の翼竜のように、4つ足のうち前足2本が翼に変化したような姿のものと、足のない蛇の胴体から翼が生えたものの2種類に分かれます。

羽毛を持つ飛竜
飛竜のなかには、体の一部が鳥のような羽毛で覆われている個体もいます。ただしその場合でも、羽毛のない部分には爬虫類の鱗があることが大半です。

ドラゴンの4分類 その❸ 竜人 Zmeu

ドラゴンのなかには、爬虫類と人間の特徴をあわせ持った者がいます。本書ではこのような、ドラゴンと人間の中間の存在のことを「竜人」と呼びます。東ヨーロッパに住む最大民族「スラヴ人」は、これら竜人タイプのドラゴンの伝承を多く持ち、竜人のことを「ズメウ」と呼びます。

「竜人」の定義
- 直立二足歩行、またはそれに準じた骨格
- 爪や角など、ドラゴンの身体的特徴を複数持つ
- 単に蛇と人間が合体したものは含まない

一般的な「竜人」の特徴

二足歩行
竜人は、外見こそドラゴンに近いですが、人間に似た骨格を持ち、しばしば人間同様に二足歩行します。

器用な手
竜人の手は人間と同じように器用で、武器や道具などを扱えますが、鋭い爪で戦う者もいます。

ドラゴンの特徴
爪、牙、爬虫類のような頭部など、一般的なドラゴンが持つ外見的特徴をそなえています。

社会の構築
ひとり暮らしや家族単位で生きるドラゴンと違い、竜人は共同体や国を作って暮らすことがあります。

> 東ヨーロッパの「ズメウ」のことを教えてあげる！

スラヴの「ズメウ」とは何者か？
スラヴ民族の伝承に登場する竜人は「ズメイ」「ズメウ」などと呼ばれています。ですがスラヴ人は、竜人だけでなくゴルィニシチェ（→p66）のような、普通の「ドラゴン」（→p13）のことも区別なく「ズメイ」「ズメウ」などと呼んでいます。

ドラゴンの4分類 その④

龍

Long

これまで紹介した3種類のドラゴン、「ドラゴン」「飛竜」「竜人」は、身体的特徴によってドラゴンを分類したものでした。ですがこの「龍」だけは、ドラゴンの身体的特徴ではなく、出身地によって分類したもの

「龍」の定義
・中国の「龍」から派生したドラゴン
・単純な蛇の怪物や、人面蛇、多頭蛇は含まない
・中国の龍の流れをくまないものは除外

です。「龍」は中国で生まれ、おもにアジア東部の各国に広まったドラゴンです。

一般的な「龍」の特徴

4本の手足
龍は、4本の手足が生えた姿で描かれるドラゴンです。

動物に似た部位
「龍」の体の各部位は、9種類の動物によく似た形になっており、これを「九似(きゅうじ)」といいます(➡p164)。

長い胴体
龍の胴体は、西洋の「ドラゴン」と比べると、大蛇のように細く長い形状で描かれます。

水をあやつる
東洋のドラゴンのほとんどは水神の一種であり、水を自在にあやつる力を持っています。

こんな姿の龍もいるよ!

人間に変身する龍
中国の龍の多くは変身能力を持っており、人間の前には人間の姿に変身してあらわれます。『浦島太郎』の乙姫などはその典型例といえるでしょう。

異形の龍
亀のような短い胴体を持つ「吉弔」(➡p52)のように、通常の龍とは異なる異形の姿を持つ個体もいます。これは中国本土の龍によく見られるタイプです。

この本の読み方

それじゃあさっそく聞き込みだーっ！
如意宝珠のありかを聞く予定のドラゴンが50人ちょっといるから、みずちーにプロフィールをまとめてもらってるの。あらかじめ目を通しておいてね。

データ欄の見かた

ドラゴン種別　12〜16ページで紹介したドラゴンの種別を表示します。

ドラゴン（→p13）　飛竜（→p14）　竜人（→p15）　龍（→p16）

この世の「悪」を象徴するドラゴン
アジ・ダハーカ

欧文表記：Azi Dahaka　出身：ペルシア（イラン）
大きさ：不明

→ **ドラゴンの名前**

ドラゴンデータ　欧文表記：欧米のドラゴンの、現地の言語による名前表記
　　　　　　　　　出身：ドラゴンの出身地
　　　　　　　　　大きさ：ドラゴンの大きさの目安

　こうして見ると、ドラゴンってけっこうたくさんいるんですね。どこからお話を聞きに行くんですか？

　とにかく片っ端から話を聞いてくしかないからねえ……。うーん、考えてもしようがない！　とりあえず、このリストのいちばん上から順番にしらみつぶししましょ！　最初はあかさたなで……「アイトワラス」ね！

19ページから、五十音順にドラゴンを紹介！

萌える！ドラゴン事典　目次

案内役のご紹介……5
はじめに……9
はじめに確認！
ドラゴンってどんな怪物？……10
五十音順 世界のドラゴン事典……19

ドラゴン百科事典……145
世界のドラゴンMAP……148
人類はなぜドラゴンを作ったか？
―同時多発的発生のナゾに迫る！―……150
西洋のドラゴン……153
東洋のドラゴン……161

蛇と龍の小事典……175
ドラゴン小事典……176
世界蛇の小事典……184

Column

ギリシャの多頭蛇ヒュドラ……31
中国の四海龍王……93
聖人のドラゴン退治……139
龍の宝玉「如意宝珠」……144
ドラゴンはなぜ退治されるのか？……160
日本の龍はなぜ指が３本か？……174
龍の子供「龍生九子（りゅうせいきゅうし）」……183
その後のドラゴン……193

五十音順
世界のドラゴン事典

「五十音順 世界のドラゴン事典」では、世界各地の神話伝承に登場するドラゴンから55組を厳選し、五十音順に並べて紹介します。
　ページ左側のタブは索引タブです。「あ」から「ら」まで9個に分けられていますので、ドラゴンの名前から記事を検索するために使ってください。

さあ、それじゃあ宝珠のありかを知ってそうなドラゴンに、かたっぱしから聞き込みしていくわよ〜。
準備はいいかしら？

はーい♪

財産と災いを同時にもたらす
アイトワラス

欧文表記：Aitvaras　出身：リトアニア　大きさ：家の中では猫、ニワトリと同等。外ではドラゴンの姿だが大きさは不明

他人の富を盗み集める厄介者

　ヨーロッパの北東にある小国リトアニアの民話には、家に棲み着いて家主とその家族をお金持ちにする精霊「アイトワラス」の伝承が残されている。「お金持ちにする」というところだけを見れば福の神に見えるが、実際にはアイトワラスは財産と同時に災いをももたらすという、厄介な存在なのだ。

　アイトワラスは、家の中では黒猫または黒い雄鶏の姿を取り、ストーブの裏などに潜む小悪魔なのだが、外に出ると火の尾を持つ空飛ぶドラゴンの姿に変わる。アイトワラスの使命は、所有者をどのような手段を取ってでもお金持ちにすることにある。たいていの場合は牛乳や穀物、金品を盗み集めてくるという手段を取るのだが、この泥棒の被害に遭うのはおもに隣人である。アイトワラスのもたらす災いとは、その主人が泥棒の疑いをかけられ、信頼を失うことなのだ。

　この厄介な同居人を手に入れる方法は３つある。ひとつは、悪魔と取り引きを交わし、自身の魂と引き換えに購入するというもの。この場合はアイトワラスが死ぬと、悪魔はその代償として持ち主の魂を奪い去っていく。ふたつめは、７歳の"雄鶏"が産んだ卵を孵化させるというもの。そして最後のひとつは、知らないうちに家に持ち込まれるのを待つ、というもの。つまり、家主が望んでいなくても、アイトワラスが勝手に家に棲み着いてしまうことがあるのだ。

　しかもアイトワラスは、一度家に棲み着くと、追い出すのが非常に難しいといわれている。ある伝承では、教会で清めたロウソクの灯りでアイトワラスを照らし、消滅させたという逸話が語られているが、あくまで１種類の物語でのエピソードであり、かならずその方法で追い払える保障はない。

　ちなみにドイツには、家主のために宝を盗んでくるドラゴン「プーク」の伝承が伝えられている。プークは蛇の胴体に４本足と翼を持つ典型的なドラゴンの姿をしている。一説によればアイトワラスは、このプークの一種なのだという。

アイトワラスさんは、よそから宝物を盗んできたごほうびに、オムレツをほしがるそうです……ママ、僕もオムレツ食べたいです、フレスベルグのタマゴのオムレツがいいです♪

この世の「悪」を象徴するドラゴン
アジ・ダハーカ

欧文表記：Azi Dahaka　出身：ペルシア（イラン）
大きさ：不明

ゾロアスター教の破壊の権化

　インドのすぐ西にある中東の国イランには、かつて「アジ・ダハーカ」という悪竜の神話があった。アジ・ダハーカは、世界に存在するすべてのものを破壊するために生み出された、まさに「悪と破壊の権化」と呼ぶにふさわしいドラゴンである。3つの頭と3つの口、6つの目を持ち、背中には広げると空が隠れるほど巨大な翼が生え、1000種類もの魔術を使いこなす、強く賢いドラゴンであった。ちなみに　アジ・ダハーカの「アジ」とは、当時の言葉で竜や蛇を意味する単語だ。このため日本の書籍などでは、アジ・ダハーカを「ダハーカ竜」と表記するものもある。

善と悪が戦うゾロアスター教の神話

　アジ・ダハーカは、3000年ほど前、現在のイラン周辺であるペルシア地方で生まれた宗教「ゾロアスター教」の神話に登場する。ゾロアスター教は燃える火を善のシンボルとして尊んでおり、信者たちは火に向かって礼拝するため、日本では「拝火教」とも呼ばれている。このゾロアスター教には「光と闇」「善と悪」など、対立する概念で世界が成り立っており、最終的に光や善が勝つという思想がある。そのため悪の怪物アジ・ダハーカは、善の英雄に敗れて滅ぼされる運命にある。

　ゾロアスター教の聖典『アヴェスタ』には、アジ・ダハーカが善の神々と激しい戦いを繰り広げたすえに、スラエータオナという善の英雄に敗れるまでの物語が書かれている。だが、このとき敗れたアジ・ダハーカは殺されることなく、現在もダマーヴァンドという山の地下に幽閉されているという。

　神々と英雄が、悪の権化であるアジ・ダハーカを殺さず幽閉している理由は、アジ・ダハーカの肉体にある。アジ・ダハーカの体内には、トカゲやサソリなどの、ゾロアスター教の教義で「邪悪」とされている生物が大量に詰まっており、上で説明した戦いの最中にも、アジ・ダハーカの体を傷つけるたびにこれが漏れ出していた。もしアジ・ダハーカを完全に殺してしまえば、体内に潜んでいる悪の毒虫たちが解放され、世界を埋め尽くしてしまう。そのため善の神と英雄はアジ・ダハーカを殺すことができず、やむを得ず幽閉しているのだ。

イスラム教に取り込まれたアジ・ダハーカ

　7世紀ごろに中東地方でイスラム教が成立すると、ゾロアスター教はイスラム教に押されて衰退した。しかしこの悪竜はしぶとく生き残った。アジ・ダハーカの神話は、イスラム教的な内容に修正され、物語集『王書(シャー・ナーメ)』に収録されている。

　11世紀ごろに完成した『王書』は、ゾロアスター教の神話をイスラム教の思想に従って改変したものだ。ゾロアスター教は、最高神アフラ・マズダの下に善と悪の神々が集う多神教的な宗教だが、イスラム教はアッラーだけを神と信じる一神教であるため、物語に登場する神々はすべて人間に変わっており、アジ・ダハーカも竜ではなく、悪魔にたぶらかされた人間の王「ザッハーク」に変化している。

　ザッハークはアラブの国の王子で、悪魔に魅入られて父親を殺し、王位を奪った人物だ。彼の両肩からは黒い蛇が生えていたのだが、これは悪魔が生やしたもので、何度切ってもすぐ再生してしまう。そしてザッハークの両肩に蛇を生やした張本人である悪魔は、医者の姿に変化して彼の前にあらわれ、「蛇を殺すには、毎日人間の脳みそを与え続けるしかない」と説明する。ザッハークはこの言葉を信じ、国民を毎日ふたり殺して、その脳を両肩の蛇に食べさせ続けるようになったのだ。

　悪王ザッハークの統治は1000年も続いたが、善の英雄ファリードゥーンがこれを倒し、ペルシアを救ったという。そしてアジ・ダハーカの伝説と同様に、ファリードゥーンはザッハークを殺さず、ダマーヴァンド山に幽閉した。ただし、『アヴェスタ』に見られた、体内に大量の毒虫が潜んでいた、という記述は『王書』には見られない。

悪竜の起源は伝承か異民族か

　ゾロアスター教は、それまでペルシア各地に伝わっていた、土着の神や伝承を組みあわせて作られた宗教だと考えられている。そして悪の権化アジ・ダハーカも、もともとはペルシアに伝わる怪物であったらしい。

　ゾロアスター教成立以前の伝承で語られていたアジ・ダハーカは、人間や家畜を襲う怪物で、ペルシアの歴代の王や、国家そのものの敵とされていたという。「体内に大量の生き物が潜んでいる」という特徴は、このころからあったようだ。この怪物が、神話の成立時にドラゴンへと変化した、というのだ。

　この説のほかにも、アジ・ダハーカの起源を、現在のイラン東部に住む民族「ダハ族」に求めるものもある。かつてのダハ族は、ペルシアに住む民族と敵対しており、ペルシアの人々は国家の敵であるダハ族の名前に、権力を奪い取ろうとする者やよそ者の象徴である「蛇」や「竜」をつけて「ダヒの蛇」「ダヒの竜」と呼んだという。これらダハ族の異名が、時代が進むにつれて変化し、ドラゴンの伝承と組みあわさった結果として悪竜アジ・ダハーカが生まれた、というのである。

> 『王書』には、ほかにもたくさんドラゴン退治のお話が載ってるわよ～。ドラゴン退治はヨーロッパだけじゃないってことね。さあファーファ、次はどのお話を読みたいかしら～？

飛竜

聞こえない、聞こえないよー！

アスプ

欧文表記：Asp、Aspis　出身：エジプト　大きさ：60cm程度

奇妙なポーズで呪いを防ぐドラゴン

　アスプとはエジプトやリビア地方に今でも生息している毒蛇の一種だが、10〜15世紀ごろまで、アスプは蛇ではなくドラゴンとして紹介されていたことがある。

　このころのヨーロッパで多数出版されていた怪物紹介本によれば、アスプは体長が60cm程度の小さなドラゴンであるそうだ。足は2本、背中には翼があり、空を飛ぶことができる。またきわめて強い毒性を持っており、アスプに嚙まれた者は間違いなく即死し、その肌に触れるだけでも非常に危険なのだという。

　このアスプには、ほかのドラゴンにはない奇妙な弱点がある。アスプは無類の音楽好きであり、楽器の演奏を聴くと、我を忘れて踊りだしてしまうのだ。アスプ自身もこの弱点を自覚しているため、少しでも楽器の音が聞こえると、左上のイラストのような、片方の耳を地面につけてもう片方の耳を尻尾でふさぐ、という奇妙なポーズを取り、音楽を聴かないように必死で抵抗するといわれている。

　実はアスプの伝承は、これらの怪物紹介本より1000年以上昔、キリスト教が誕生した1世紀ごろに書かれた文献『博物誌』ですでに紹介されている。『博物誌』のアスプは後世の伝承と違って翼はないが、高い身体能力で"飛ぶように"すばやく動くことができる。特殊能力は毒の息と毒の視線、そしてにらみつけた相手を眠らせる力である。なお『博物誌』のアスプには、つがいのオスとメスが常に一緒に暮らす習性があり、どちらか一方が殺されると、残されたほうは殺した者をどこまででも追いかけて報復する。アスプの追跡を逃れるには、川に飛び込むか、尋常ではないスピードで動くアスプを振り切れるほどの速さで逃げるしかない。

　奇妙なポーズで耳をふさぐという特徴もこの時代から存在していた。ただし『博物誌』のアスプが苦手としていたのは楽器ではなく、エジプト人が知っていたという「蛇を自在にあやつる呪文」だ。アスプはエジプト人にあやつられないように、先述した耳をふさぐ方法で呪文を聞かないよう抵抗するのだと信じられていた。

アスプさんのお話がのってる『博物誌』って、すごい本でち！　2000年くらい前のヨーロッパで、どんな生き物がいると思われてたのかが一目でわかるでち。ドラゴンっぽい蛇の話もたくさん読めるでち。

illustrated by 月上クロニカ

対立する民族の対決する竜
赤い竜と白い竜
ア・ズライグ・ゴッホ　グイベル

欧文表記：Y Ddraig Goch ／ Gwiber　出身：ウェールズ　大きさ：大きな箱の中に2匹が収まる程度。ただし箱から出るとどんどん大きくなる

その色は民族の象徴

　イギリスという国は、4つの国による連合国家である。その国のひとつであるウェールズでは、民族の運命を背負って戦い続けた赤と白の2体のドラゴンが広く知られている。日本では赤い竜を「ア・ドライグ・ゴッホ」、白い竜を「グウィバー」と呼ぶことが多いが、これは英語での読みであり、正式には「ア・ズライグ・ゴッホ」と「グイベル」という読みが、地元ウェールズでの発音に近い。

　2体のドラゴンの外見についての記述はほとんど見られないのだが、わずかに白い竜は「翼の生えた蛇」だという伝承が残されている。一方で絵画などでは、どちらもトカゲの体に翼と4本の足を持つ、典型的なドラゴンの姿で描かれることが多い。

　この2体のドラゴンについて知るには、まずこの伝承が生まれた当時のイギリスが、どのような状況にあったかという歴史的背景が重要になる。かつてイギリスの南部は、ヨーロッパの列強国「ローマ帝国」が、現地人のブリトン人と協力して統治していた。ところが、日本で言えば古墳時代にあたる4世紀初頭に、ローマ帝国はイギリスを放棄してしまったのだ。これによって弱体化したイギリスには「アングロ人」や「サクソン人」などの異民族が、新しい領土を狙って次々と侵入しはじめた。そして彼らとブリトン人とのあいだで、イギリスの覇権を争う戦いが始まったのである。

　赤い竜と白い竜は、この侵略者と先住者がイギリスをかけて争った時代に生まれた、各陣営を象徴するドラゴンなのだ。赤い竜「ア・ズライグ・ゴッホ」は原住民ブリトン人の守護竜であり、ブリトン人の軍旗にはその姿が描かれていたという。一方で白い竜「グイベル」は、侵略者サクソン人の守護竜だとされている。

2匹の竜の由来とその末路

　赤い竜と白い竜が民族の守護者となった理由については諸説あるが、両方の民族に共通する「ローマ帝国由来説」という有力な仮説がある。

　ローマ帝国がイギリスから撤退する前の時代、ローマ帝国の軍旗には、蛇や竜のような紋章が描かれていた。彼らに統治されていたブリトン人はローマ帝国の軍旗の紋章をまねて、赤い竜の描かれた軍旗を採用。のちにこの竜がブリトン人の象徴になっ

た、というものだ。また、ローマ帝国と敵対していたアングロ人やサクソン人も、ローマの軍旗をまねて白い竜を軍旗に描いたと伝えられている。

ただしブリトン人の赤い竜については、ブリトン人の「地震と災厄を招く黒い竜を、水神である赤い竜が倒した」という伝承が元になって生まれた、という説も有力だ。

現在のウェールズ国旗。中央に赤い竜が描かれている。

こうして1500年前に生まれた赤い竜はブリトン人に代々受け継がれ、現在ではブリトン人の末裔を称する国、ウェールズの国旗に採用されている。だが一方で、同じく民族の象徴であったはずの白い竜は忘れ去られ、姿を消してしまっている。

「アーサー王伝説」における紅白の竜

赤い竜と白い竜が世界的に有名になったのは、この2体のドラゴンが英雄物語「アーサー王伝説」にとりあげられた影響が大きい。12世紀イギリスの聖職者ジェフリー・オブ・モンマスが、実際の歴史を下地にして創作したイギリスの偽歴史書『ブリタニア列王史』は、アーサー王伝説発展の礎となった重要な作品である。この作品には、赤い竜と白い竜の戦いについての物語が次のように書かれている。

ブリテン島への侵略者「サクソン人」の王であるヴォーディガンは、城の基礎を作っていた。しかし、作業を終えて翌朝になると、せっかく作った基礎が地中に沈んでいるというトラブルが頻発。築城は一向に進まなかった。王は「生け贄を捧げるべき」という部下の進言に従って、生け贄にする少年を城に連れてこさせた。この少年こそ、のちに大魔術師としてアーサー王を補佐する「マーリン」であった。

マーリンは王に対して「城が完成しないのは、基礎の下に大きな石の箱があるせいだ」と説明した。王が地面を掘らせてみると、マーリンが言うとおりに大きな箱が見つかる。その中には2匹の竜が眠っており、箱を開けたとたんに目を覚まして戦い始めた。城の建設がうまくいかなかったのは、夜になると箱の中で壮絶な戦いが始まり、それによって地面が揺れるのが原因だったのだ。

2匹の竜の戦いは、一時は白い竜が優勢だったが、やがて赤い竜が盛り返して白い竜を追い詰めた。マーリンはこの戦いを「赤い竜はブリトン人、白い竜はサクソン人である。この戦いはコーンウォールの猪があらわれて白い竜を踏みつぶすまで終わらない」と解説した。そしてイギリスには予言どおり「コーンウォールの猪」ことアーサー王があらわれ、イギリスをブリトン人の手に取り戻したという。

15世紀イギリスの『ブリタニア列王史』挿絵本に収録された、赤い竜と白い竜の戦いを描いた挿絵。

アーサー王には「アーサー・ペンドラゴン」っていう別な名前もあるけど、このペンドラゴンっていうのは「ドラゴンの頭」って意味なの。アーサーパパの部下たちが、赤い竜を参考にしてつけた称号なのよ〜。

ギリシャの多頭蛇ヒュドラ

> 手も足も生えてない、ドラゴンじゃない大蛇さんが、如意宝珠を持ってるとは考えにくいでちけど……ねんのため様子だけは見てみるでち。ヒュドラさんは有名でちからね。

ヒュドラは、ギリシャ神話に登場する、巨大な蛇のモンスターである。太い胴体から複数の首が生えており、手足はない。最大の特徴は、とてつもない再生能力と強烈な猛毒である。

ヒュドラの首の本数は 9 本だとされることが多いが、伝承によって最低 5 本〜最大 1000 本とばらつきがある。もっともヒュドラの首の本数を数えることには意味はない。ヒュドラの首は、1 本切り落とすと傷口から新しい首が 2 本生えるという特性があるため、切れば切るほど首が増えるからだ。しかもすべての首のうち、中央に生えている 1 本の首は不死の力を持っており、いかなる方法でもこの首を殺すことはできないという。

そしてヒュドラの吐息と血液には恐るべき猛毒が含まれている。その毒性の強さは、血液が肌に触れただけで生物は絶命し、不死の力を持つ半神でさえ、毒の苦痛に耐えきれず、不死の力を返上して死を選ぶほどだった。

英雄ヘラクレスのヒュドラ退治

このヒュドラを退治したのは、ギリシャ神話最強の武勇を誇る英雄、ヘラクレスだった。ヒュドラ退治の使命を受けたヘラクレスは、毒の息を避けながら棍棒一本でヒュドラに立ち向かったが、ヘラクレスが棍棒でヒュドラの頭を潰すと、すぐに 2 本の新しい頭が生えてきてしまう。ヘラクレスが従者に助けを求めると、従者はヘラクレスが棍棒でたたきつぶした首の傷口を「炎で焼く」という策を思いついた。こうすると傷口から新しい首が生えてこないのだ。ヘラクレスは従者とのコンビでヒュドラの首を減らしていき、不死身の首だけが残ったところで、ヒュドラを地中に埋め、その上から大岩を乗せて封印したといわれている。

> そういえば中世ヨーロッパの本とかに描かれてるヒュドラの絵って、なぜか足が生えてたりするのよね。ほんとに足が生えてるならドラゴン扱いで紹介するところなんだけど……残念ね〜。

ドラゴン

ふたつの頭は生と死のシンボル
イツァムナ

欧文表記：Izamna　出身：マヤ神話（中央アメリカ）
大きさ：世界そのもの

世界はイグアナの上にある

　アステカ（➡p60）やマヤなどの中央アメリカ地方で信仰されていた神は、人間の姿と動物的な姿の両方を持っている者が多い。マヤで多くの信仰を集めた神であるイツァムナは、人間としての姿は「年老いた男性」であるが、それ以外にも「ふたつの頭を持つ巨大なイグアナ、または蛇、ワニ」の姿をとると信じられていた。特に双頭のイグアナとして描かれたその姿は、ヨーロッパの翼を持たないドラゴンと非常によく似ている。ちなみにマヤの言葉では、"イツァム"は「イグアナ、トカゲ、ワニ」を意味する言葉だ。そして「イツァムナ」という名前は「イグアナの家（トカゲの家、ワニの家）」という意味になる。

　イツァムナがイグアナの姿で描かれる理由は、マヤの人々の「宇宙観」と深い関係がある。マヤの人々は、自分たちが住む世界が爬虫類のような形、あるいは家のような形をしており、世界を構成する「家」はすべて巨大なイグアナの体でできていると考えていた。イツァムナは、マヤ神話の世界を生み出した創造神であるため、世界を構成するイグアナの姿で描かれている、というわけだ。

　「イグアナ型の世界」と言うと奇妙に思うかもしれないが、世界よりも大きな生物がいるという神話は世界中にある。例えばインド神話では、大地がゾウや巨大な亀の上に乗っているものと信じられている。また北欧神話では、世界すべてが1本の巨大な木（ユグドラシル）に包み込まれている。我々の住む日本にも「日本列島が龍の形をしているから、龍に守られている国なのだ」という俗言があるくらいだ。

　そして、イツァムナのふたつのイグアナ頭は、生と死、日の出と日没の象徴だ。この神がイグアナの姿で描かれるとき、イツァムナの片方の頭は東を向いていて、これは東からのぼる太陽や金星、そして生まれ出る生命をあらわしている。もう片方の頭は西を向いており、こちらは地平線に沈んで消える太陽と、いつかかならず、誰にでも平等に訪れる死を表現しているのだ。

イツァムナさんって優しい神様だね〜。人間に文字とかカレンダーとか薬のことを教えてくれるし、人間が食べるトウモロコシとかカカオ豆の育て方まで教えてくれたんだって。これは尊敬されまくりでしょ〜。

illustrated by みそおかゆ

ヴァヴェルのドラゴン

お酒もお水も飲み過ぎ注意

欧文表記：Smok Wawelski　出身：クラクフ市（ポーランド）
大きさ：羊を丸飲みにできる程度

凶悪な竜は知恵によって倒された

　ドイツの東にある国、ポーランド南部の街クラクフ。ヨーロッパ有数の古都であるこの街には、かつてドラゴンが棲んでいたという伝説の残る丘がある。

　このドラゴンは、ポーランドでもっとも長いヴィスワ川の岸の上にある、ヴァヴェルという丘の洞窟に棲んでいたという。名前もこの丘から取られて「ヴァヴェルのドラゴン」とつけられた。だがドラゴンは、この場所に棲んでいたという伝承こそ残ってはいるものの、外見についてはまったく触れられていない。物語の挿絵にも洞窟から首と前足を出した姿が描かれてはいるものの、全身がどうなっているのかはうかがい知れないのだ。ちなみに、後世になってヴァヴェルの丘に建てられたドラゴンの像は、胸から6本の小さな首を生やした異形の姿で作られている。

　クラクフに残る伝承によれば、ヴァヴェルのドラゴンはきわめて凶暴であり、人や家畜を襲っては殺し、金品を奪って洞窟に貯め込んでいたという。だがこのドラゴンを倒すために出動した騎士団は皆、炎の息で焼き殺されてしまった。しかたなく民衆は竜に毎日3頭の子牛か羊を与えて、ドラゴンが空腹で暴れないようにしていた。

　この強力なドラゴンを倒したのは、騎士でも英雄でもなく、クラクという見習い靴職人だった。彼は洞窟の前に置かれる、ドラゴンに与える家畜の中に、腹の中に硫黄を詰め込んだ羊を混ぜておいた。この羊を丸呑みにしたドラゴンは、羊に仕込まれた硫黄のせいで喉が渇き、川の水を飲み始める。だが飲んでも飲んでも喉の渇きはおさまらず、ついには水の飲み過ぎで腹が裂けて死んでしまったのだ。殊勲の職人クラクは国王の娘と結婚し、街には彼の名から「クラクフ」と名づけられたという。

ヴァヴェル城広場の前に設置された、ヴァヴェルのドラゴンの像。胸から6本の頭が生えた姿で造形され、口から火を吹くギミックが盛り込まれている。

このお話にはいくつかバリエーションがあってね、あるお話だとクラク君は靴職人じゃなくて、もともと王子様だったことになってるわ。それで硫黄でドラゴンを殺す方法を靴職人から教わったんですって。

恥ずかしがり屋の女の子?

ヴィーヴル

欧文表記：Vouivle　出身：フランス
大きさ：人間と同等、またはそれより大きい

女だらけのドラゴン種族

　フランスをはじめヨーロッパに広く伝わる「ヴィーヴル」というドラゴンたちは、そのすべての個体がメスのみで、オスが存在しないという、非常に珍しい種族だ。

　ヴィーヴルの外見は、伝承によって大きくふたつに別れる。ひとつは翼のある蛇という、典型的な飛竜の姿をしているもの。もうひとつは、豊満な胸を持つ女性だが、下半身が蛇になっていて、背中から翼が生えている、というものだ。

　そして双方の伝承に共通している特徴として、ヴィーヴルの目もしくは額にはダイヤモンド、ガーネット、ルビーなど、赤もしくは透明の宝石がはめ込まれている、というものがある。宝石はヴィーヴルの目の代わりとして機能しているため、宝石がなくなると視力を失ってしまうのが弱点だが、宝石を光らせることによって、暗闇の中でも飛び回ることができるという強みでもあった。

　宝石以外にも、ヴィーヴルには変わった弱点がある。おおよそドラゴンらしくない特性だが、ヴィーヴルはどういうわけか人間の男性の裸を苦手としているのだ。ヴィーヴルが川で泳いでいた男性を食べようと襲いかかったときに、その男性が全裸であったため、ヴィーヴルは驚いて逃げていったという伝承が残されている。原因不明ながら、これはヴィーヴルの重要な特徴とされていたようだ。

　フランスの民話には、ヴィーヴルの宝石を奪い取る話が数多く残されている。ヴィーヴルの宝石は、単に美術品としても非常に価値の高いものだが、手に入れれば大金持ちになれるという伝承がある。どうやらヴィーヴルの宝石には、何らかの魔術的な力が秘められていると考えられていたようだ。そして民話によれば、ヴィーヴルから宝石を盗むことはそれほど難しいことではない。ヴィーヴルは井戸や湖などで水を飲むときに、宝石を濡らさないよう身体から宝石を外すため、このタイミングを狙えばいとも簡単に宝石を奪うことができるのだ。目の機能を持つ宝石を盗まれたヴィーヴルは視力を失い、最終的には死んでしまうのだという。

ヴィーヴルさんの宝石は取っちゃだめだよ、だってこれヴィーヴルさんにとっては「目」だから、取られたらまわりが見えなくなって……見えないことに絶望して死んじゃうんだって！　重すぎるよぉ！

ヴィシャップ

今でもそこに棲んでいる?

欧文表記：Visap、Vishap、Vishabakagh
出身：アルメニア（現トルコ占有領）　大きさ：変幻自在

猛毒の竜伝説は隣国のもの

　西アジアから東ヨーロッパにかけて、横長の国土を持つトルコの最東部には、ヴァン湖というトルコ最大の湖がある。この湖の近く、トルコの東にある隣国アルメニアには「ヴィシャップ」という、ヴァン湖とその北東にそびえるトルコのアララト山の周辺地域に太古から伝わる、ドラゴンの伝承が残されている。

　ヴィシャップはアララト山の頂上に棲んでおり、しばしば山から降りてきては人里を荒らし回っていたのだという。このドラゴンは数多くの豪傑たちが探し、殺そうとしていたのだが、その理由は悪竜の討伐などではなく、この竜の血に秘められた特殊な力が目的であった。伝説によれば、ヴィシャップの血液には猛毒が含まれており、武器がその一滴にでも触れれば、それは常に猛毒を含んだ、かすり傷をつけるだけで敵を殺せる必殺の武器になる、というのだ。

　ヴィシャップは、血液だけでなく唾液にも毒が含まれているほか、変身の能力も備わっており、典型的なドラゴンの姿や小さな蛇、ラクダ、人間など、自由にその外見を変えられたという。また人間の体内に入り込むことも可能であり、入り込まれた人間はヴィシャップの唾液の影響を受け、毒の息を吐くようになってしまう。

　ヴィシャップを討伐したのは、アルメニアの伝説の英雄ヴァハグンであった。ヴァン湖で生まれたというヴァハグンは、このほかにも巨人の王を倒す、ペルシャからの侵略軍を退けるなど、数々の武勲が伝説として残されている勇士である。

　トルコの国に、なぜ隣国アルメニアの伝説が残っているのか、という疑問に関しては、史実におけるトルコとアルメニアの関係にその答えがある。ヴァン湖とアララト山周辺は元々、アルメニアが統治する地域であった。だが、オスマン帝国の支配下にあった当時の国民が、20世紀に帝国を廃絶してトルコ国を樹立した解放戦争「トルコ革命」のときに、ヴァン湖とアララト山周辺を制圧し、トルコ領土へと加えたのだ。この戦争と領土問題をめぐる両国の対立は、今なお続いている。

ヴァン湖に来てまーす！　湖の近くに3～4メートルの石の柱がたくさん立ってるけど、これはキリスト教の聖人さんが、祈りの力でヴィシャップを石に変えたものらしいよ。ずいぶんたくさんいたんだねえ、ヴィシャップ。

とあるドラゴンの狙われた宝石
エチオピアの
ドラゴン

欧文表記：Etiopian dragon　出身：エチオピア
大きさ：長さ 10 メートル程度

幻の宝石「ドラゴンティア」を秘めた竜

　アフリカに生息していたという「エチオピアのドラゴン」は、錬金術の秘石として知られる「ドラゴンティア」を得るために狙われたドラゴンだ。

　現代イギリスの心理学者キャロル・ローズのモンスター解説書《世界の怪物・神獣辞典》によれば、エチオピアのドラゴンは長さ20キュビット（10m）ほどの巨大な蛇の姿で、2枚もしくは4枚の翼を持つという。主食はアフリカ象で、長い胴体で象を絞め殺し丸呑みにしてしまうのだ。ただしアフリカでは、雨が降らない乾期になるとゾウたちが姿を消し、ドラゴンのエサがなくなってしまう。そこでエチオピアのドラゴンたちは、複数のドラゴンが体を絡みつかせて作ったイカダで海を渡り、ふたたび雨期になるまでアラビア半島で過ごすという。

　そして最大の特徴ともいえる秘石「ドラゴンティア」は、このドラゴンの脳の中に埋まっているとされていた。錬金術師たちが語るところによれば、ドラゴンティアは非常に美しい宝石で、錬金術の材料として非常に優れたものであるという。蛇の脳に宝石が埋まっているという記述は、2000年前の古代ローマの博物学書『博物誌』にも掲載されており、かなり古くからある考え方らしい。

　ところがこの宝石にはやっかいな性質があった。前述の『博物誌』や中世の伝承が語るところによれば、「生きているうちに宝石を取り出さなければ、宝石の価値がなくなってしまう」というものだ。そこで錬金術師たちは、脳の中から宝石を摘出するために、動物を死なせずに頭部を切開する方法をさまざまに考案した。たとえば調合した薬でドラゴンを麻痺させ、そのあいだにドラゴンの頭部を切り裂いてドラゴンティアを取り出す、というものだ。これは現代医学の麻酔と脳外科手術にあたる技術である。当然、実際には動物の脳内には宝石は存在しないので、錬金術師たちがドラゴンティアを得ることはなかった。だが彼らの研究と実験の積み重ねは、科学や医学の基礎となって、現代の豊かな暮らしに活かされている。

どうもエチオピアのドラゴンの伝説って『博物誌』にある象の生態から生まれたっぽいわ。この本だと、象は体高が「20キュビット」だし、象どうしでイカダを組んで海を渡るし、特徴がこのドラゴンと同じすぎるのよ。

illustrated by 高槻ナギー

飛竜

黄身無しタマゴで一撃KO

エレンスゲ

欧文表記：Erensuge　出身：バスク地方（スペイン）
大きさ：人間ひとりで、このドラゴンの頭を7つ持ち運べる程度

バスク地方のドラゴンの総称

　エレンスゲは、トカゲよりは蛇に近い胴体を持つドラゴンだ。手足はなく、7つの頭と翼を生やした姿で描かれることが多い。スペイン北部、フランスとの国境をまたいで存在する「バスク地方」の伝承によると、エレンスゲの頭の数は成長すると徐々に増えていく。そして7つ目の頭ができると、エレンスゲは火の玉に姿を変え、轟音を立てて海の方へ飛び去り、海の中へと沈むという。

　ほとんどの伝承では、エレンスゲは洞窟に棲んでいて、人間や家畜を襲って食べてしまう。ただし多くのドラゴンと同じように知能があり、人間と会話できるので、人間たちはエレンスゲと交渉して生け贄を捧げ、村が滅びないようにしていた。

　このように、外見以外は一般的なドラゴンの伝承を踏襲しているエレンスゲだが、ひとつだけ奇妙な特徴がある。それは「卵に非常に弱い」というものだ。ただし単なる卵ではなく、中身が白身だけの、黄身がまったく入っていない卵に弱いのである。エレンスゲは、この黄身なし卵を頭にぶつけられると、なぜか死んでしまうのだ。にわかには信じられない弱点だが、バスク地方の伝承には「ただの少女が卵でエレンスゲの額を5回叩いて倒した」という物語もあるため、エレンスゲがこの奇妙な卵が持つ何らかの力に弱い、ということに間違いはないだろう。

　バスク地方にはエレンスゲが登場する民話が無数にあるが、その中のひとつに、世界のドラゴン伝承を語るうえで注目すべき民話がある。それは《バスクの知識》という本で紹介されている民話「エレンスゲア」だ。この物語の重要なポイントは「主人公がドラゴン退治の手柄を横取りされそうになるが、倒したドラゴンの舌を持っていたおかげで、主人公がドラゴンを倒したことを証明できた」という展開だ。これはスペインだけでなく、中欧、東欧などヨーロッパ各地で見られるパターンなのだ。ヨーロッパの西の果てにあるスペインと、そこから遠く離れた東欧で、まったく同じパターンの物語が語り継がれているというのは、非常に興味深いものである。

エレンスゲってすいぶん空と縁があるドラゴンみたいね、なんでも流れ星の正体がエレンスゲだって伝説もあるらしいし。天空の王としては、見所のあるドラゴンは子分に入れてやってもいいかも！

天と地を繋ぐ偉大な働き者

応龍(おうりゅう)

欧文表記：ying lóng（インロン）　出身：中国　大きさ：中国の川「黄河」の川幅と同じ程度の太さ

偉大なドラゴンの鷹の翼

　中国の龍は、翼によらず神秘的な力で空を飛ぶ。そのなかで応龍は、翼を生やしためずらしい龍だ。応龍は別の漢字では「鷹龍(おうりゅう)」とも書き、その名のとおり背中に鷹の翼が生えているのである。この龍は数多い龍のなかでも位の高い存在で、最高位の龍だと解説している資料もある。

　応龍の特技は水の操作で、水を蓄えて雨を降らせることができる。また、ふだんは天上世界に棲んでいるが、望めばいつでも、天井と地上を一瞬で行き来できたという。それ以外の応龍の特徴は、資料ごとに記述がまちまちで一定しない。だがいずれの資料でも、応龍が長寿で偉大な龍である、ということだけは共通している。

　中国の神話において、応龍はふたつの神話で大きな活躍をしている。ひとつめは神々から地上の統治を引き継いだ最初の人間「黄帝(こうてい)」の物語だ。黄帝は「蚩尤」という怪物が率いる反乱軍に苦戦し、これに対抗するため天界から応龍を呼び寄せたのだ。応龍は大雨を降らせて蚩尤軍の動きを止めようとしたが、それより先に蚩尤が暴風雨を起こしたため役に立たず、黄帝を大いに失望させた。応龍はその後の戦いで敵軍に突撃して多くの敵を殺したり、上空で恐ろしい声をあげて敵の動きを止めるなどして名誉を挽回したが、あまりに敵を殺しすぎたため体に邪気が溜まってしまった。そのせいで天界に帰れなくなった応龍は、中国南方の山に隠れ棲むようになったのだ。中国南部が雨の多い気候なのは、応龍がいるからなのだという。

　ふたつめは、中国最古の王朝「夏(か)」の誕生神話である。のちに夏王朝を創始する「禹(う)」は、当時の帝王から、人々を悩ませる洪水を治めることを命じられ、応龍を部下に連れて治水事業を始めた。禹は水浸しになっていた中国全土から水を引かせるために、応龍に先頭を歩かせ、応龍の尻尾がなぞった場所を禹が掘削する。すると中国の大地を覆っていた水は、この溝に沿って流れだして川になった。これが中国北部を東西に横切る大河「黄河(こうが)」なのである。

なんで偉大なこのわたしが使いっぱやってるのかっていうとね……昔「伏羲と女媧」っていう夫婦と神様の地位争奪戦をやって負けちゃってさ……それいらい女媧の子孫には頭があがんないのよ……。

illustrated by たかへろ

ドラゴン

天を燃やし地を侵す巨大なる毒竜
カシャフ川のドラゴン

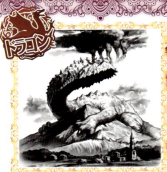

欧文表記：dragon of Kashaf River　出身：カシャフ川（イラン）
大きさ：町から町に達する程度

その姿と毒に人々は畏怖するも、勇士の一撃で倒される

　イランのアジ・ダハーカ（→p22）が人間の王ザッハークとして登場する『王書（シャー・ナーメ）』には、ほかにも複数のドラゴンが登場する。これらのドラゴンのなかでももっとも強力なのは、サームという勇士が退治した、カシャフ川に棲むドラゴンだろう。

　このドラゴンは「長さは町から別の町に達するほど、太さは山と山のあいだほど」という巨体の持ち主だった。またペルシャ文学者の黒柳恒男（くろやなぎつねお）が『王書』を部分的に訳した泰流社の《ペルシアの神話》では"投げ縄のように長い頭の毛"と表現しており、頭から長い髪が生えていた可能性がある。口から吐かれる火は鳥を焼き落とし、放たれる毒気によって大地は汚染された。さらに、巨体に似合わないすばやさもあったらしく、空飛ぶ鷲をつかみ取ることもあったという。この凶悪な「カシャフ川のドラゴン」の出現によって、空にも大地にも動物がいなくなり、世界はまるでこのドラゴンによって支配されたかのようであった。

　この事態にたったひとり立ち向かったのが、悪王ザッハーク（→p23）を倒したファリードゥーンをはじめ、何人もの王に仕えた歴戦の勇士「サーム」だ。彼は、大弓を持ち、首に盾をさげると、象のように巨大な馬の鞍に牛頭の形をした鎚矛（つちぼこ）をさして、怪物との戦いへ向かったのである。ドラゴンと対峙したサームはまず2本の矢を放ち、ドラゴンの口に命中させる。すぐさま放った3本目の矢は口の中を通りドラゴンの心臓に命中した。それでもなおサームに襲いかからんと近づいてくるドラゴンに、サームは牛頭の鎚矛を振り下ろし、その頭を打ち砕いてとどめを刺したのだった。

　カシャフ川のドラゴンはこうして退治された。サームはドラゴンを鎚矛の一撃で倒したことから「一撃のサーム」（資料によっては「必殺のサーム」と訳される）と呼ばれるようになる。しかし、カシャフ川のドラゴンの棲みついていた地域は、毒によってしばらくのあいだ作物を育てることができなかった。さらにサーム自身も毒にやられてしまい、全快するまで長い時間を要することとなってしまった。

ちなみにこのお話、サームくん本人が120歳のときに自分で書いた自伝なんだって……っていうか、ドラゴンの毒くらって120歳でまだまだ元気って、サーム君どんだけ頑丈なのよ!?

竜人

竜かズメウか人間か？
火竜ヴークとヤストレバッツの怪竜

欧文表記：Zmajognjeni Vuk ・ 出身：セルビア
大きさ：人間と同等　人間と取っ組みあいができる程度

怪竜と戦う無敵の英雄

　東ヨーロッパの国セルビアの民話『王妃ミリツァとヤストレバッツの怪竜』は、「火竜ヴーク」と「ヤストレバッツの怪竜」の戦いの物語である。

　この物語では、怪竜とヴークのことを「ズメウ」と呼んでいるがその外見についての描写が少ない。物語からわかるのは、ヤストレバッツの怪竜には翼があり空を飛べること。そして人間と取っ組み合いができる体格と骨格を持つことだ。東欧でズメウとはドラゴンと竜人の両方の意味で使われるが、セルビアには竜人ズメウの伝承があるため、ヤストレバッツの怪竜も竜人である可能性が高い。

　火竜ヴークのほうは、竜をも上回る怪力の持ち主であり、「火竜」や「ズメウ」と呼ばれてはいるが、空を飛ぶ、炎を吐く、異様な外見などの、怪物的な特徴が描写されていない。東欧の文化にくわしい栗原成郎文学博士の《吸血鬼伝説》では、火竜ヴークのことを「竜族の血を引く人間の英雄」だと説明している。

　物語によれば、火竜ヴークと怪竜は幼なじみだった。怪竜は子供のころ、ヴークに何度も格闘競技を挑んだが、一度も勝ったことがないという。セルビアの王妃ミリツァは怪竜に求婚されて困っていたが、夫である王の命令で話術巧みにこの話を聞き出すと、ヴークを呼び寄せて怪竜退治を依頼したのだ。ヴークは城の前で待ち伏せし、怪竜が空を飛んでミリツァ王妃の部屋に入ったのを確認すると、大声で宣戦布告。あわてて逃げだそうとした怪竜の翼を棍棒で折り砕いて地上にたたき落とし、たやすくその首をはねてその首を王に献上したという。

　火竜ヴークの民話はセルビアの東の隣国ルーマニアにも伝わっている。恒文社《ルーマニアの民話》によれば、火竜ヴークとは、15世紀にセルビア南西部のスレム地方を治めていた領主ヴーク・グルグロヴィチの別名だという。東欧には、偉大な人物を「竜の血を引いている」と褒め称える習慣があり、竜と呼ばれた実在の人物の活躍を民話化した結果、正体不明のヴークという英雄が生まれたといえる。

火竜ヴークのモデルになったのは、15世紀のセルビアに実在した「ヴーク・グルグロヴィッチ」っていう領主らしいわ。彼、正体は狼男だとか、口から火を吐けるなんてウワサもあるくらい強かったらしいわよ？

ドラゴン

その由来は首長竜か石像か
ガルグイユ

欧文表記：Gargouille　出身：ルーアン（フランス）
大きさ：不明

水を吐き出し人を喰らう

　フランス北部を流れる大河「セーヌ川」の近くに棲んでいたというドラゴン「ガルグイユ」は、水中生活に適応したドラゴンだ。このドラゴンは蛇に似た胴体に、亀のような灰緑色の甲羅を背負っていて、4本の足には水鳥の足のように水かきがある。鼻とアゴは細長く伸びていて、目玉は青い宝石のような色と輝きを放っていた。

　このドラゴンの「ガルグイユ」という名前には「喉」、または「大酒飲み」という意味がある。名前のとおり、このガルグイユは大量の水を飲み込み、それを口から噴水のように吐き出すことができるのだ。ガルグイユはこの力で津波のような大洪水を起こし、セーヌ川沿いのルーアンという町を崩壊させたことがある。しかもこのドラゴンには人間を捕食する習性もあったため、この町はたった1匹のドラゴンによって、甚大な被害と多数の死傷者を出してしまったという。

　なお、このページで紹介しているのは中世フランスの伝承に登場する「ドラゴンのガルグイユ」だが、現代のフランスでガルグイユといえば、古い建物の上に置かれている、複数の動物の特徴を組み合わせた奇妙な彫刻のことを指す。これは建物の雨樋の一部であり、屋根に降り注いだ雨水をガルグイユ像の口から排水する機能がついている。また、これは日本の鬼瓦と同じように、魔除けのおまじないでもある。

　余談だが、彫刻のガルグイユは英語ではガーゴイルと読む。ファンタジー作品などで登場する架空のモンスター、動く石像「ガーゴイル」は、この屋根の彫刻から連想して生み出されたものだ。

　余談から立ち戻って、世界でガーゴイル（ガルグイユ）が初めて取りつけられた建築物は、フランスの首都パリにあるランス大聖堂だといわれている。ドラゴンのガルグイユと彫刻のガルグイユの相関関係は明らかになっていないが、もしも彫刻のガルグイユが、伝説のドラゴンを題材に作られたものなら、悪の水竜が神の威光に屈服して、建物の守り神に昇格した、ということになるだろう。

　このガルグイユを退治したのは、ルーアンの街で教会をたばねる大司教様。大司教様が十字を切ったらぴたりとおとなしくなったそうよ。南のほうのドラゴンって、ほんとにキリスト教の権威に弱いわね～。

甲羅があるけど立派な龍

吉弔(きつちょう)

欧文表記：ji diào（ジディアオ）　出身：嶺南地方（中国）
大きさ：木の上に登っても木が折れない程度

漢方薬の材料として珍重された龍

　中国にはさまざまなものを薬として利用する「漢方」という医療文化があり、そのなかには「龍の体の一部」だとされる薬もある。ここで紹介する異形の龍「吉弔」からは、効能豊かな漢方材料が2種類も取れるとされている。

　中国のあらゆる薬について記した、16世紀ごろの書物『本草綱目(ほんぞうこうもく)』によれば、吉弔は甲羅を背負った亀のような姿をしているが、頭部の形は蛇や龍に近いとされ、また江戸時代の日本で書かれた百科事典『和漢三才図絵(わかんさんさいずえ)』の挿絵にある吉弔の4本足は、亀のようなずんぐりとした形ではなく、龍と同じように4本の細い指がある外見で描かれている。

　生息地は中国の南東部、東南アジアの国「ベトナム」との国境付近の水場で、ふだんは水辺や木の上などで暮らしている。たいへん性欲が強く、動物たちと遊んでいるうちに欲情して、精液を漏らしてしまうことまであるという。

　このように、吉弔は外見も生態も、龍よりは亀に近い。この吉弔を「龍」と呼ぶのは、この生物が龍の卵から生まれるからだ。『本草綱目』によれば、龍は卵を一度にふたつ産み、片方は龍に、もう片方は吉弔に生まれ育つのだという。

　吉弔から取れる2種類の漢方薬は『和漢三才図絵』に紹介されている。それは「弔脂(ちょうし)」と「紫稍花(ししょうか)」である。まず弔脂とは、吉弔の体からとれる脂肪である。塗ると耳の病気や、毒によってできた腫れ物に抜群の効き目があったという。そして紫稍花は、吉弔が漏らした精液が水中で固まったものであるそうだ。そのためか、紫稍花の効能は陰嚢(いんのう)の湿疹、精力減退、夜尿症など、男性器に関するものが多い。

　ふたつの漢方薬のうち紫稍花は現代の漢方でも処方されるものだが、現実の紫稍花は「カイメン」という、スポンジ状の体を持つ原生動物を乾燥させたものだ。カイメンのほとんどは海に棲むが、淡水に棲む種もわずかに存在している。淡水性のカイメンを見た中国の薬学者たちが「これは吉弔の精液だ」と考えたのである。

弔脂って、ただ放っておくだけで小さくなっちゃうんだ。たしか人間の言葉で「きはつせい」だっけ？　だからガラスの器か、鶏の卵の殻で作った容器に入れて保存するのよ。

illustrated by 鉄豚

飛竜

引っ越しドラゴン、行き先は海の向こう

クエレブレ

欧文表記：Cueleble　出身：アストゥリアス地方（スペイン）
大きさ：人間より大きく、どんどん成長する

銃も効かない鉄壁の鱗

　スペイン北部のアストゥリアス地方は、険しい山と、洞窟だらけの入り組んだ海岸線を持つ場所である。この地方には、クエレブレと呼ばれる飛竜の伝承が数多く残されている。クエレブレは大蛇のような胴体に翼を生やしたドラゴンの種族であり、口からは毒の息を吐き出し、吠え声ははるか遠くまで届くという。銃弾すら跳ね返す非常に硬い鱗が特徴で、人間の武器では傷ひとつつけられないのだが、唯一のど元だけは柔らかいため、この部位を攻撃すれば倒すことができるかもしれない。

　クエレブレの棲み家となるのは、アストゥリアス地方に豊富にある森や洞窟、地底に繋がった泉の中などだ。村の近くにクエレブレが棲み着くと、村人は人間にとって害獣であるクエレブレが人間を襲わないようにするため、クエレブレの棲む泉のそばにパンを置いて食べさせるのだという。

　やがて大きく成長したクエレブレは、棲みなれたアストゥリアス地方を離れ、海のかなたにある氷原の洞窟か、海の底に棲むようになる。成長したクエレブレの棲み家には、非常に多くの宝物が貯めこまれているのだが、このドラゴンは宝物を常に見張っているうえ、自分の棲み家に魔法をかけて侵入者を道に迷わせてしまうため、その宝は誰にも盗み出せないという。

　クエレブレが棲み家にため込んでいるのは財宝だけではない。彼らは、小柄で美しい金髪女性の姿をした妖精種族「サナ」を捕らえ、ペットとして飼うことがある。

　クエレブレの生息地であるアストゥリアス地方の伝説のひとつに、人間の英雄がクエレブレの宮殿に乗り込み、クエレブレを倒してサナを救う物語がある。前述のとおりクエレブレの洞窟には魔法がかかっており、人間には侵入できないのだが、英雄は「魔力が高まる」とされる真夏の夜に、洞窟にかかっている迷いの魔法が解除されることを知り、その日に洞窟へ忍び込んでクエレブレを倒したという。彼はクエレブレがため込んでいた宝物を手に入れ、助けたサナと結婚したと伝えられている。

クエレブレさんは鱗がすごく硬いから、体の中から攻撃するか、のど元にある柔らかい部分を攻撃しないと効かないらしいでち。東洋でも龍ののど元には「逆鱗」っていう弱点があるでち、おそろいでちね？

illustrated by ミズツ

剣を"丸呑み"できるかな？
倶利伽羅龍（くりからりゅう）

出身：インド　大きさ：1000万km以上

悪魔と煩悩を灼き尽くす仏の化身

　仏教の一派である密教には、不動明王という仏がいる。あぐらをかき、右手に両刃の剣を持った姿で描かれる仏で、信徒が邪悪を退け正しい道に進むことを助けてくれる。その性質から日本の武士に特に篤く信仰され、しばしば仏像や仏画として寺に安置された姿を見ることができる。これらの仏像や仏画の、不動明王が持つ両刃の剣「利剣（りけん）」には、二又の尾を持つ龍「倶利伽羅龍」が絡みついていることがある。

　倶利伽羅龍は利剣に巻きつき、切先を飲もうとする姿で描かれる。「利剣」とは、仏教の開祖ブッダの「煩悩を断ち執着心を消す」という教えを視覚化したもので、倶利伽羅龍は「人の住むこの世」を示している。つまり人の世（倶利伽羅龍）がブッダの教え（利剣）を飲み込み、教えが世に広まる様子を表現しているのだ。

　10世紀中国の僧侶、淳祐（しゅんにゅう）の著書『要尊道場観（ようそんどうじょうかん）』には、術者が不動明王と一体化する術が紹介され、倶利伽羅龍の能力が明らかになっている。それによれば「変じて倶利伽羅と成り、剣を纏（めぐ）る。——智竜の火剣、九十五種の外道の火を摧滅（さいめつ）することを表わす」とあり、簡潔にまとめれば「煩悩と悪魔を滅する」という意味になる。

　ちなみに倶利伽羅龍と不動明王は、どちらも同じルーツを持ち、別の姿に派生した存在である。この両者はどちらも「大日如来（だいにちにょらい）」という偉大な仏の化身なのだ。つまり両者は姿は違えど根っこは同じ存在なのであり、倶利伽羅龍が不動明王の利剣だけに巻き付く理由はそこにあるのだろう。

　ちなみに倶利伽羅とは、インドの神話に登場する半蛇半人のナーガ（竜王）のひとり「クリカ」の名前を漢字表記したものだ。もともとは倶利迦、鳩利迦などと表記されていたが、これに「羅」の1文字を付け加えたものが定着して「倶利伽羅」になったと考えられている。ちなみにこのクリカは、インドの古代宗教「バラモン教」において八大龍王（→p90）の1体でもあり、「半月を頭に戴き、火焔と炎とが全身に輝く」という、不動明王に似た姿を取っている。

日本刀には倶利伽羅龍が彫られたものがたくさんあるよ。なかでも「小竜景光」って刀は、倶利伽羅龍の彫刻のほとんどが柄の中に隠れてて、頭だけが外から見えるんだ。見えないオシャレってかっこいいね！

龍神様は食いしん坊
九頭龍(くずりゅう)

出身：日本　大きさ：不明（人間よりはかなり大きい）

仏教の龍と土着信仰の集合体

　龍の姿を持つ神はアジア各地に存在しているが、日本では特に「九頭龍」という神が広く信仰されている。おもに水の神、土地の守護神、農業の神などとして祀られており、その外見は、首が９本あるほかは一般的な日本の龍と同じ姿である。この龍神は、仏教の八大龍王「和修吉(わしゅきつ)」（➡p90）と、日本土着の水神信仰が融合して生まれたものだ。九頭龍が９本の頭を持つのは、その元になった和修吉が、９本の頭を持つ龍として描かれるために「九頭龍王」の異名を持っていたからである。

　九頭龍を祀る神社の中でもっとも有名なのは、神奈川県の箱根にある九頭龍神社だろう。この神社の伝説によると、奈良時代よりさらに昔、箱根にある芦ノ湖(あしのこ)という湖に頭が９つある毒龍が棲んでいて、付近の住人に年に一度、若い娘を生贄に差し出すよう要求していたという。これを知った徳の高い僧侶が、九頭龍に対して「若い娘の代わりに三斗三升三合三勺(としょうごうしゃく)（約60リットル）の赤飯を毎年捧げるから、人間を食べるのはやめてほしい」と説得した。はじめは僧侶の言葉に耳を貸そうともしなかった九頭龍であったが、僧侶が仏の力で九頭龍を縛りつけ、延々と説教を続けた結果、とうとう九頭龍は観念してその要求を聞き入れた。僧侶はこの龍を九頭龍大明神として神社に祀り、それが現在の九頭龍神社の由来になったという。

　そのほかにも、福井県の九頭龍川の由来である九頭龍、日本神話の英雄「ヤマトタケル」に退治されて地元の神になったという九頭龍など、数多くの九頭龍が日本中で祀られ信仰を集めているのだが、長野県北部の「戸隠神社(とがくしじんじゃ)」に祀られている九頭龍は、それらのなかでも特に霊験あらたかだといわれている。日本では神へ捧げ物をすると、神は供物の持つエネルギーだけを受け取り、捧げた物品はその場に残されると考える。だが戸隠神社で九頭龍を祀る洞窟に食べ物を供えると、（野生動物が持ち去るため）次の日には物体ごとなくなっている。そこで「供物を全部たいらげるなら、その分大きな御利益があるに違いない」と解釈されているのだ。

九頭龍さんにお参りすると、虫歯が治る御利益があるそうでち。じつは九頭龍さんって果物の「梨」が大好物だから、虫歯になった人が梨を用意して食べずにお供えすれば、虫歯を治してくれるんでち。

平和を愛する白き飛竜神

ケツァルコアトル

欧文表記：Quetzalcoatl 出身：アステカ（メキシコ）
大きさ：飛竜時の大きさは不明。人間時は人間と同等

アステカ神話の平和の神

　アメリカ合衆国のすぐ南にある中米の国メキシコ周辺には、かつて「アステカ帝国」という国が栄えていた。アステカ帝国では数多くの神々が信仰の対象になっていたが、その中でも特に人気が高く、広く崇拝されていたのが、ドラゴンの姿をした神「ケツァルコアトル」である。

　このケツァルコアトルという名前は、蛇を意味する「コアトル」と、「ケツァール」という鳥の名前が合体したものだという。ケツァールとは、メキシコ南部から、運河で有名な国「パナマ」までのあいだに広がる森林地帯に生息している、赤、白、エメラルドなどの色とりどりの羽毛を持つ美しい鳥だ。アステカにおいてこの鳥はケツァルコアトルの使いだと考えられており、王や神官など一部の権力者以外は、その羽根を身につけることさえ許されなかったという。

色白の人間の姿をとり、将来の帰還を予言するケツァルコアトル。メキシコの博物館、「Museo del Palacio de Gobierno」に描かれた壁画より。

　ケツァルコアトルは、羽毛または翼がある蛇として描かれることが多い。また、この竜は人間の姿をとることもあり、人間としての姿は「色白で背が高く、目が大きい。眉毛は太く、美しい口髭を持っている」と、かなりくわしく描写されている。また、杖を持った老人として描写されることもあった。

　ほかのアステカの神々に比べて、ケツァルコアトルは非常に多くの役割を持っている。天地を創り、人間を生み出し、文明を授け、また当時のアステカ人の主食であったトウモロコシを人間に与えたのはケツァルコアトルだ。この他にも学芸や工芸、農耕、科学、風、神官の守護神までも兼任している。

　アステカの神話には数多くの神がいるが、ケツァルコアトルには他の神との決定的な違いがある。アステカの神々は、人間の心臓や血液を捧げ物として要求するのが普通なのだが、ケツァルコアトルはこのような「人間の生け贄」を決して受け取らず、

人間に人身御供を止めるよう命じた神なのだ。彼が要求する捧げ物は、蛇や鳥、蝶や宝石などの、平和的で美しいものだけだった。だが、人間の血を好む他の神にそれを恨まれ、謀略によってアステカを追われてしまったのだという。

中央アメリカに文化を伝えた竜神

　ケツァルコアトルを信仰していたアステカ帝国は、12〜16世紀ごろ（日本でいう鎌倉〜室町時代）に栄えた国だ。だがその由来はもっと古く、7〜12世紀ごろに栄えた「トルテカ帝国」でも主神として信仰されていた神だという。ケツァルコアトルはトルテカの人々に技術を教え、文化を高めた偉大な神と伝えられている。

　この竜神はトルテカやアステカだけでなく、近隣のさまざまな地域で信仰されていた。先述のとおりケツァルコアトルは学芸、農耕、風など非常に多くの分野を守護する神なのだが、これはケツァルコアトルの信仰が各地に広まり、それぞれの民族がケツァルコアトルに「自分たちに都合のいい属性」を与えた結果、その守護する領域があまりに多様になってしまった結果だと考えられている。

　ケツァルコアトルは場所によって「クグマッツ」「エヘカトル」などと名前を変えて信仰されることも多かった。もっとも有名な別名は、アステカと並んで中米の三大文明といわれる「マヤ文明」で信仰された神「ククルカン」だ。マヤの人々にとっては外来の神、つまりよそ者であるククルカンだが、それにも関わらず土着の神にも負けないほどの信仰を集めていたと伝えられている。

アステカを滅ぼしたケツァルコアトル

　ケツァルコアトルはアステカの守り神だったが、皮肉なことにアステカは、ケツァルコアトルの予言によって滅亡への道をたどることになる。

　西暦1519年、大航海時代に沸くスペインからアステカにやってきた船団があった。そのリーダー「エルナン・コルテス」は"色白で目が大きく、髭を生やしている"という風貌であった。これは前ページで紹介した、人間の姿をとったケツァルコアトルの"色白で背が高く、目が大きい。眉毛は太く、美しい口髭を持つ"という特徴とほぼ一致していた。さらにコルテスたちがアステカに上陸した年は、偶然にもケツァルコアトルがアステカに戻ると予言した年とも一致していたのだ。

　アステカの権力者たちは、コルテスたちスペイン人をケツァルコアトルの化身だとすっかり信じこんでしまい、さまざまな特権を与えて歓待した。ところがアステカの繁栄ぶりに目がくらんだコルテスは、国王の幽閉や生け贄の習慣を禁止するなど、アステカを我が物にしようと動き始める。これに反発したアステカの人々はスペイン軍と大戦争を繰り広げたのだが、2年後には首都を征服された。そしてアステカ文明とその文化は徹底的な略奪と破壊を受け、完全に滅亡してしまった。

> このケツァルコアトルから名前を取った、ケツァルコアトルスっていう翼竜の化石があるらしいわ。翼竜ってのはプテラノドンの仲間ね。なんと翼を開くと幅10m以上！　世界最大級だって言われてるわね！

天空をまたぐ夫婦龍

虹蜺

欧文表記：hóng ní（ホンニィ）　出身：中国
大きさ：虹そのもの／人間と同等

虹の正体は龍だった

　古代中国では、虹は龍だと考えられていた。しかもただの龍ではなく、夫婦の龍だ。オスの虹は「虹」、メスの虹は「蜺」、夫婦あわせて「虹蜺」と呼ばれていた。

　地上から虹を見ると、その両端は橋のように地面につながっているように見える。古代中国の人々は、これを見て「虹が地上に頭を突っ込んでいる」と考えた。つまり天空に見える虹は龍の胴体であり、尾と頭を地面の近くまで下ろしているというのだ。彼らが地上に頭を降ろすおもな目的は水分の補給であり、龍が山中に流れるきれいな川に頭を突っ込み、水を飲んでいるときに虹が出現すると考えられたのである。

　人間に変身した虹蜺の服装は、オスの虹なら色とりどりの衣を、メスの蜺は地味な衣服を着ているという。ただし服装以外の外見は人間とは違い、身長が3mと非常に大きい、体のまわりに虹がまとわりついている、目と口がない老女の姿など、どこかに人間と明らかに違う特徴があるらしい。

　また、虹はときどき、人間の姿に変化してひとりで下界に降りてくる。このときの虹は、結婚相手を探したり、子作りを目的としていることが多い。不思議なことに、虹と人間が子供を作るときは性交渉の必要がないようで、人間の女性が青年（虹が変身したもの）からもらった水を飲むと、いつのまにか子供が生まれていた、という伝承が、5世紀ごろの物語集『捜神後記』に収録されている。

　ところで、太くてくっきりとした虹よりも少しだけ外側に、ぼんやりと薄い、もう1本の虹があるのを見たことはないだろうか。これは「副虹」と言い、光の屈折によって発生する、虹のコピーのような存在だ。中国で虹が夫婦の龍だとされるのはこれが理由で、くっきりと見える虹を夫の「虹」、それに寄り添うような薄い副虹を妻の「蜺」に見立てているわけだ。中国には、あらゆる物事は「陰」と「陽」という対立する2つの属性に分類できるという思想「陰陽説」がある。これが2本の虹と結びついたのが、夫婦の虹の龍の正体である。

ええっ、水がめのお水に、直接口をつけて飲んじゃうんですか!?　虹蜺さん、お水を飲むとときは器に移してから呑まないとだめなんですよ？　お行儀が悪いって叱られちゃいます。

ドラゴン

ドラゴン界きっての卑怯者
ゴルィニシチェ

欧文表記：Zmey Gorynych　出身：ダマーヴァンド州ソロチンスク（ロシア）　大きさ：女性を鷲掴みにして空を飛べる程度

無敵の英雄に悪知恵で立ち向かう

　ロシアの物語集『ブィリーナ』に登場するゴルィニシチェは、強大な力を持つドラゴンにしては珍しい、卑怯でずる賢い性格をしている。奇襲に不意打ち、勝負に負ければなりふり構わぬ命乞い、約束を交わした直後にそれを反故にするなどの、いっそ清々しいほどの狡猾さを見せてくれる。

　ゴルィニシチェは黒い体に３つの頭を生やし、銅の色に輝く７つの爪を持っている。鼻孔と口からは炎が吹き出し、耳からは煙が立ちのぼる。このドラゴンがあらわれると、たとえ快晴の日であっても空が暗くなり、雷鳴がとどろいたという。

　ゴルィニシチェは『ブィリーナ』の、勇士ドブルイニャを主人公とする物語に登場する。ある日ゴルィニシチェは、ロシアの隣国であるウクライナの首都キエフに住む、英雄ドブルイニャに殺されるという予言を受けた。彼は予言が実現する前にドブルイニャを殺してしまおうと、棲み家からキエフへと遠征する。そして川で水浴びをしているドブルイニャを見つけると、即座に丸腰の英雄に襲いかかった。

　武器を持っていない相手なら勝てるはず、というもくろみであったのだが、これに対して英雄ドブルイニャは、たまたま持ちあわせていた"ギリシャ風の帽子"に砂を詰めて即席の棍棒を作り、これでゴルィニシチェを殴り倒してしまった。絶体絶命のゴルィニシチェは「二度と人を襲わない」「ドブルイニャの国（キエフ）では戦わない」などの誓いを立てて命乞いをし、何とか許しを得た。

　しかしこの卑怯なドラゴンは、誓いを守るつもりなど毛頭なかった。解放されたゴルィニシチェはすぐさまキエフの王宮を襲撃し、姫をさらってしまったのだ。もちろんこれを見逃す英雄ドブルイニャではない。彼は武装してゴルィニシチェの本拠地に乗り込むと、まず悪竜の子供たちを残さず殺し、次に怒り狂ったゴルィニシチェを絹糸の鞭で打ち据えて、３本の首を残さずはねてしまったのだ。こうして悪竜は滅ぼされ、ゴルィニシチェに囚われていた姫や民衆は、みな無事に解放されたという。

ゴルィニシチェは自分の洞窟に鍵つきの牢屋を持っていて、数え切れないほどの人間を閉じ込めているらしいわ。それにしてもあんな爪で牢屋の鍵を扱えるなんて、ゴルィニシチェってば意外と器用よね。

地下竜人王国の帝王たち
サルコテア大王と四竜王

出身:ルーマニア　大きさ:不明

謎多き竜人族の王と部下

　人間とドラゴン両方の特徴を持つ「竜人（ズメウ）」のなかには、人間と同じような生活を送るものがいる。竜人の物語が多い東ヨーロッパの国ルーマニアには、竜人たちが地下に王国を作り暮らしていた、という伝承がある。この王国を治めているのが、竜人たちの王、サルコテア大王だ。

　サルコテア大王の最大の特徴は、200メートル近い長さがあるというアゴヒゲだ。サルコテアと竜人の王国が登場する民話『勇士アゲラン』を収録している、恒文社《ルーマニアの民話》によれば、このアゴヒゲは「ドイツ風」であったとされ、また、偉大な竜人の体の一部だけあって、何らかの魔法の力も備わっていたという。

　サルコテア大王の容姿については、物語の中ではアゴヒゲをたくわえていること以外は一切描写されておらず、実は彼がどのような能力を持っているのかも明らかにされていない。だが人間より何十倍も大きな巨人が、サルコテアの姿を見て怯えてしまい、何もできなかったという描写があるところから、すさまじい威圧感を放っていたか、さらに巨大だったが、あるいは恐ろしい容貌をしていたことが想像できる。

　サルコテア大王の竜人王国は、複数の王に分割統治され、王たちの上にサルコテア大王が君臨するという形式を取っている。4人の王の名前はそれぞれ銅竜アラム、銀竜アルジンツァン、金竜アウラール、ダイヤモンド竜アゲマントという。彼らの王国は、建物から地面まであらゆるものが、それぞれの異名についた金属や宝石で作られていて、美しい娘がいるという共通点がある。王の娘たちは美人ぞろいなのだが、その美しさは現実世界での金属の価値と同等であり、銅よりも銀、銀よりも金の姫が美しく、もっとも美しいのはダイヤモンド竜の姫であったようだ。

　物語中での竜人王たちの出番は少なく、さらには彼らの実力や能力さえもはっきりしていない。ただひとつ明確なのは、竜人王たちがかなりの大軍を率いていたことだ。作中では竜王たちの軍を「雲霞のごとき大軍」と表現している。

長さ200メートルのアゴヒゲってすごい長さですね……大王を倒したアゲランさん、これに目をつけて、アゴヒゲで地下の国から脱出するための縄ばしごを作ったそうです。とっても頭がいいです。

最強ママのドラゴンファミリー
スコルピア一家

出身：ルーマニア　大きさ：人間と同等？

無敵の英雄を上回る最強の女竜人

　竜人（ズメウ）伝説の本場ルーマニアに伝わる民話『グレウチャーヌ』には、人間と同じように家族で暮らす竜人が登場する。この一家は、父と母と娘ふたり、そして娘婿ふたりの6人家族であり、男たちは力が強く、女たちは魔法の力でさまざまな姿に変身する能力を持っていた。悪魔が子供を育てたという"いわくつき"の土地に家を建てて住んでいた竜人一家6人のうち、作中で名前が明かされているのは母親スコルピアだけなので、本書ではこの竜人たちを「スコルピア一家」と呼称する。

　一家が登場する民話『グレウチャーヌ』は、人間の勇者「グレウチャーヌ」が活躍する物語だ。グレウチャーヌは強く、知恵が回り、魔法まで使えるという完全無欠の英雄であり、作中では知恵と機転を利かせ、強力な力を持つスコルピア一家の男竜人たちが孤立するところを狙って勝負を挑み、ひとりずつ素手で殴り殺していた。そして女竜人たちが変身して近づいてきたときは、正体を看破して皆殺しにしている。だがその勇者をもってしても、母親スコルピアにだけは手も足も出なかった。

　物語のなかで、勇者グレウチャーヌが馬に乗って逃げ出し、それをスコルピアが追いかけるシーンがある。グレウチャーヌは馬を全力疾走させているのだが、スコルピアは2本の足で、逃げる馬に匹敵する速さで走っているのだ。また、同じシーンでの「グレウチャーヌを一口に呑み込もうと、天と地に届かんばかりに、両顎をあけて追ってきた」という描写からは、巨大な肉食恐竜のような、人間を丸呑みにできるほどの大きい口と力強い顎を持っていたであろうことが伺える。

　最終的に勇者グレウチャーヌは、罠によってスコルピアを仕留めている。彼が義兄弟の鍛冶師が住む鍛冶小屋に逃げ込むと、スコルピアはその圧倒的肺活量で小屋の中からグレウチャーヌを吸い出そうとした。そこでグレウチャーヌは、鍛冶師にあらかじめ用意させていた「灼熱した鉄の像」をスコルピアの口の中に押し込んだのだ。するとスコルピアの体は爆裂し、あとには大量の鉄くずだけが残されたという。

グレウチャーヌ君の目的は、太陽と月を開放することだったんだけど、これは最初に男竜人3人を殺したところで達成されてるのよね。それ以外の家族までジェノサイドしなくてもよかったんじゃあないかしら……。

ドラゴン

王子様のキスでドラゴンは美少女に
スピンドルストンのドラゴン

欧文表記：Worm of Spindleston　出身：ノーサンバーランド地方（イギリス）　大きさ：数十人乗りの船を通せんぼできる程度

魔女の呪いが生んだ毒竜

「王子様やお姫様が、悪い魔女のせいで動物に変えられる」というのは、童話などによく見られる定番の物語だが、イギリスには白鳥やカエル、ライオンなどの生やさしい姿ではなく、なんと醜いドラゴンに変えられてしまった王女の物語『スピンドルストンの醜い竜』がある。

この物語は、イギリスの国土の大部分を占めるブリテン島の東部にある、ノーサンバーランド地方に伝わっているものである。物語は、この地方に実在する「バンバラ城」から始まる。城の王女は、誰よりも美人で性格がよいと評判だった。ところが、父王の再婚相手であった魔女がこの噂を聞いてしまう。魔女は嫉妬のあまり王女に呪いをかけ、ドラゴンに変えてしまったのだ。

王女が変身したドラゴンは非常に醜い姿だった。胴体は大きな岩に胴体を巻きつけられるほどに長く、数十人の人間が乗った船を、腕の力で押し返せるほどの力も持っていた。ドラゴンの外見について、物語の原典ではこれ以上くわしく説明されていないのだが、この物語を元に書かれた童話《おぞましいりゅう》の挿絵では、頭に角を生やした、緑色の巨大なトカゲの姿で描かれている。

ドラゴンになった王女は、険しい崖のあるスピンドルストン地方に棲み着いた。このドラゴンの吐息には強烈な毒が含まれており、棲み家から周辺7マイル（約11km）は草も育たぬ不毛の大地となった。さらに変身によって理性を失ってしまったのか、ドラゴンは周囲の街で暴れ回って大地を荒らし、さらにそこに住む人々に毎日牛7頭分ものミルクを要求して民衆を苦しめたという。

王女の苦境を救ったのは、それまで行方知れずだった彼女の兄である。彼はスピンドルストンの断崖に棲むドラゴンが妹だと確信し、少数の部下を連れて棲み家へ向かった。そして王女の呪いを解く条件である「行方知れずの兄が帰ってきて、竜に3回のキスをする」を達成し、晴れて王女は姿も心も元どおりになったという。

王女サマがドラゴンから人間に戻ったあと、王女サマに呪いを掛けた魔女は、王子様の呪いでぶさいくなヒキガエルに変えられたそうでち。こういうのを「因果応報」「自業自得」というでち！

illustrated by じんつき

ドラゴン

聖ゲオルギウスのドラゴン
改宗しなけりゃ解放するぞ

欧文表記：Saint George's dragon　出身：リビア
大きさ：死体を引きずるのに牛8頭が必要な程度

聖騎士ゲオルギウスに敗れた毒竜

　キリスト教社会において、ドラゴンは悪魔そのものと考えられていた。そのためキリスト教の勢力が強かったヨーロッパには、キリスト教の篤い信者が、信仰の力でドラゴンを退治し、屈服させる物語が多く残っている。こうした伝統のなかでも特に有名なのが、聖ゲオルギウスという騎士によるドラゴン退治の物語だ。

　聖ゲオルギウスに倒されたこのドラゴンは、アフリカ北部、エジプトの西隣にある国「リビア」にいたとされる、毒を吐く巨大な悪竜だ。その外見に関する記述は文献によってまちまちだが、この物語をモチーフとした絵画などでは、黄緑色のトカゲの体に2本または4本の足を生やし、左上のイラストのように蛇の目模様のついた翼を生やした姿で描かれていることが多い。

　聖ゲオルギウスのドラゴン退治伝説のなかでもっとも有名なのは、13世紀の伝説集『黄金伝説』にまとめられたものだ。これによれば、かつてリビアの街の近くに1体のドラゴンが棲み着き、街の人はドラゴンに毎日家畜を差し出すことでドラゴンの被害を防いでいた。しかし街の家畜がすべてドラゴンの胃袋に収まると、今度は人間の生け贄をドラゴンに差し出さなければいけなくなってしまった。そしてくじ引きで生け贄を選んだところ、国王の娘が生け贄に選ばれてしまう。

　王女が生け贄としてドラゴンが来る場所に置かれたとき、偶然そこに通りかかったのがゲオルギウスというキリスト教徒の騎士だった。彼は王女にドラゴンを退治することを約束すると、沼の中から襲いかかってきたドラゴンに馬で突進、槍のひと突きでドラゴンに瀕死の重傷を負わせたのだ。

　ゲオルギウスは王女の帯を借りて瀕死のドラゴンに巻きつけ、ドラゴンを街まで引きずり出すと、「この町に住む全員が（キリスト教の）神を信じて改宗するなら、このドラゴンを殺してあげましょう」と言いはなった。異教を信仰していた街の人々は全員がキリスト教に改宗し、騎士は約束どおり剣でドラゴンの首をはねたという。

イギリスでは、聖ゲオルギウスを記念するお祭りの日に、赤いバラの花を胸に挿して祝うそうね〜。これ、ドラゴンの首を剣ではねたとき、その血を吸った地面が真っ赤なバラ園になったことに由来してるそうよ。

秘密のクッキーで爆発四散！
聖ダニエルのドラゴン

欧文表記：dragon of St'daniel　出身：バビロニア
大きさ：不明

異教徒に神とあがめられたドラゴン

　聖人によるドラゴン退治の伝説は、キリスト教の誕生以前から存在した。キリスト教の前身になった宗教であるユダヤ教の宗教文書のうち、正式な聖書に採用されなかった「旧約聖書外典」の一節『ダニエル書補遺（ほい）』では、のちに聖人として列聖（れっせい）されるユダヤ人ダニエルが、ドラゴンを退治することで神の偉大さを証明している。

　現在のイラク南部にあった新バビロニア帝国は、紀元前6世紀ごろ、キュロスという王に統治されていた。ユダヤ教徒のダニエルは、このキュロス王の側近だった。キュロス王の王宮には巨大なドラゴンが棲み着いており、異教徒たちはこのドラゴンを神として崇めていたという。ところがユダヤ教やキリスト教は『聖書』に記された神こそが唯一の神だと考え、異教の神が存在することを認めない。ダニエルはユダヤ教の教えに従い、このドラゴンが神ではないことを証明することにした。

　ダニエルはキュロス王に「剣も棍棒も使わずにこのドラゴンを殺してみせましょう」と約束すると、ピッチ（石油の中に混じっている固形分）と油と毛髪を混ぜて団子やクッキーのような塊を作り、これをドラゴンに食べさせた。すると、ドラゴンは体が破裂して死んでしまった。ちょっとした毒物を食べたぐらいで死ぬ存在が神であるはずがない。ダニエルはこうして異教徒の嘘を暴いたのである。

　74ページで紹介した聖ゲオルギウスのドラゴン退治や、この聖ダニエルのドラゴン退治のように、キリスト教の聖人がドラゴンを退治するという物語は、宗教説話の定番となっている（→p139）。聖ダニエルのドラゴン退治こそ収録されていないが、それ以外の多くのドラゴン退治は、13世紀イタリアの聖職者ヤコブス・デ・ウォラギネがまとめた『黄金伝説』という本に紹介された。この本はキリスト教の聖人の伝説を集めたもので、中世ヨーロッパで『聖書』の次に広く読まれた物語集である。本来の書名は『Legenda sanctorum』（聖人の伝説集）だが、その内容が黄金のように尊いということでつけられた『黄金伝説』という通称のほうが広く知られている。

このお話は、旧約聖書の『ベルと竜』にのっていました。だからのこのドラゴンを「ベル」って呼ぶひとがいますけど、「ベル」はお話の最初に出てくる異教の神様の名前で、ドラゴンの名前じゃないそうですよ。

お粗末ばらまき大炎上

タラスクス

欧文表記：Tarasque　出身：タラスコン（フランス）
大きさ：人間を丸呑みにできる程度

ゆがめられた土着信仰が変じたドラゴン

　フランスの南部を流れるローヌ川の沿岸に、タラスコンという街がある。この街には現在でも、毎年6月になるとドラゴンがあらわれる。もちろん本物のドラゴンではなく、この街に伝わるドラゴンの伝承を題材にした祭りで、巨大なドラゴンのハリボテが街を練り歩くのだ。このドラゴンの名前は「タラスクス」という。

　タラスクスはタラスコン周辺の民間伝承のほか、キリスト教の聖人たちの活躍をまとめた『黄金伝説』にも登場している。それらによれば、タラスクスはライオンの頭に熊のような足が6本、ヘビのような長い尻尾に、太いトゲが生えた甲羅を背負っているという、ヨーロッパの一般的なドラゴンの外見からはかけ離れた異形の姿である。ライオンの頭を持っているからか、全体的なイメージは獣に近いものだ。

　この異形のドラゴンは、高温の炎を自在にあやつる能力を持っている。この口から吐き出す炎のせいで、ただ戦うだけでもやっかいな怪物なのだが、それ以外にも強力な武器があった。タラスクスは敵から逃げ出すとき、まるで投石機から発射される石弾のように自分の排泄物をまき散らすのだが、この排泄物には発火の力が込められており、燃えあがって敵を攻撃し、同時に追跡を阻むのだ。

　中世ヨーロッパの伝説において、タラスクスはキリスト教の旧約聖書に登場する怪物「レヴィアタン」（→p185）と関連づけられることが多く、その場合はトルコの怪物「オナクス」とレヴィアタンの子供だとされる。

　だがこの設定はキリスト教勢力があとから作ったものであり、本来のタラスクスは「タラスコン周辺の土着文化や、土着信仰の集合体」だった可能性が高い。キリスト教に限ったことではないが、強大な宗教が新しい土地に教えを広めるときに、土着の神々が新しい宗教の神々に破れる神話を広めて、新宗教の正当性をアピールすることがある（→p74、76）。タラスクスが邪悪なドラゴンだとする伝説は、おそらくこの手法によって作り出されたものだと思われる。

タラスクスさんは聖マルタさんのお祈りでおとなしくなったけど、タラスコンのみなさんに許してもらえず殺されてしまいました。あんまり悪いことをすると、あやまっても許してもらえないんですね。

illustrated by 玉乃けだま

マイクロサイスのミニドラゴン

蟄龍(ちつりゅう)

応分表記：zhé lóng（チェア ロン）　出身：中国
大きさ：砂粒程度～3.3m。巨大な姿にも変身する

小さい体で"ひそむ"龍

　江戸時代後期の長編伝奇小説『南総里見八犬伝(なんそうさとみはっけんでん)』には「龍は大小さまざまで、小なるときは拳大の石の中にも隠れる」という記述があるが、中国には拳どころではなく、砂粒ほどの大きさしかない極小の龍「蟄龍」の伝承が残されている。この龍の名前にある「蟄」とは「潜む」「隠れる」という意味で、その名のとおり蟄龍は「どこかに潜み隠れている龍」なのだ。

　ある物語によれば、農民の女性が野外で風に吹かれ、その拍子に1粒の砂が目に入ってしまった。目の中がチクチクとしてうっとうしいのだが、どうやってもその砂を取り除けない。仕方なく他人に頼み、まぶたをつまみ上げてよく見てもらったところ、眼球の一部に赤い筋が血管のようにくっついている。それを見た人が、女性に「これは蟄龍というものだ」と説明したところ、女性は龍が目に潜んでいることから死の恐怖を訴えたのだが、眼球に張り付いた蟄龍を取り除くことはままならず、彼女は蟄龍をそのままに暮らすしかなかった。この蟄龍は特に害を起こすこともなく、3ヶ月ほど女性の眼球に留まっていたのだが、ある豪雨の日、蟄龍は前触れもなく女性の目尻を破り、飛び去っていった。女性はまぶたに大きな傷を負ったものの、幸いにも命に別状はなかったという。

　この物語のほかにも、蟄龍はいくつかの物語に登場している。17世紀ごろに書かれた、中国の怪異譚をまとめた物語集《聊斎志異(りょうさいしい)》には「ミミズほどの大きさの小蛇がどんどん大きくなっていき、天地をとどろかすほどの雷鳴が起きると同時に、その小蛇が巨大な龍となって空を飛んで行った」というものや、「本箱から這いずってきたミミズのような何かが、書物の上でとぐろを巻いた。その書物と"とぐろを巻いた何か"を外へ持って行ったところ、巨大な龍となって昇天していった」という物語が収録されている。これら蟄龍の逸話を見るに、蟄龍は身体の大きさを自在に変えられる龍、あるいは成長前の龍の姿なのかもしれない。

蟄龍っていう言葉は、いまは無名だけど、将来ビッグになること間違いなしなスゴイ人の例えにも使われるの。まあ、私はもうビッグだからあてはまらないわ！　みずちーは「蟄龍」になれるよう頑張るのよ！

傲慢不適な俺様ドラゴン

トゥガーリン・ズメーヴィチ

欧文表記：Tugarin Zmeyevich　　出身：ウクライナ
大きさ：身長6m

竜の馬にまたがる巨体のズメウ

　ロシアの英雄伝説『ブィリーナ』によれば、その昔、現在のウクライナ共和国周辺を治めていた「ウラジミール公」は、多くの勇者を部下に従える名君だった。そのひとり、66ページで紹介した勇士ドブルイニャの同僚である勇士アリョーシャ・ポポーヴィチは、乱暴者で女の子に目がないが、折り紙つきの実力を持ち、トゥガーリン・ズメーヴィチという強大な竜人を倒したことで知られている。

　トゥガーリン・ズメーヴィチとは、「竜の子トゥガーリン」という意味である。物語中でこのドラゴンを目撃したという巡礼者の話によれば、トゥガーリンの身長は6mで、肩幅は2mもある。左右の目が遠く離れ、その距離は矢1本分に相当する。全身が黒い鱗に覆われており、背中には紙のように薄い翼が生え、ワニのような口から炎を吐き、耳からは煙の柱を吐いている。さらにトゥガーリンは、狼のように凶暴な竜の馬に乗っているというのだ。

　勇士アリョーシャは、故郷からキエフの都に向かう途中で巡礼者からこの話を聞き、トゥガーリン退治を決意する。アリョーシャはその巡礼者と衣服を交換して身分をごまかし、堂々とトゥガーリンの前に出てアリョーシャのうわさ話をした。するとトゥガーリンは「俺はアリョーシャに出会ったら、槍に突き刺し、あぶり殺したい」と言い、アリョーシャをただの巡礼者だと勘違いしたまま、彼にアリョーシャの居場所を聞いたのである。アリョーシャはわざと小声で返事をし、よく聞こえないからと耳を近づけてきたトゥガーリンの頭に、すかさず重い鉛を仕込んだ鞭をたたきつけた。巡礼者の正体がアリョーシャであることに気づいたトゥガーリンは必死に命乞いをするが、アリョーシャは聞き入れず、トゥガーリンを刺し殺したという。

　この物語にはいくつかのバリエーションがあり、キエフの宮殿で我が物顔に振る舞っていたトゥガーリンにアリョーシャが一騎打ちを挑むもの、有翼馬に乗って逃げるトゥガーリンを嵐の魔法でたたき落とすものなど、異なる展開を見せる話もある。

このトゥガーリンっていうズメウは、どうやら実在の人間をモデルに作ったキャラクターらしいわね。11世紀にキエフを襲った、遊牧民の族長の「トゥゴルカン」って男がモデルらしいわよ。

世界の海は龍の海！
東海龍王敖廣
（とうかいりゅうおうごうこう）

欧文表記：áoguǎng（アオグァン）　出身：中国　大きさ：人間形態時は人間と同等。龍になったときの大きさは不明

四方の海を管理する龍神

　かつて中国では、中国を中心にした大陸を、広大な海がとりまいていると考えていた。そしてこの海を東西南北の4方向に分け、4体の龍王が統治していると考えていた。この4体の龍王のことを「四海龍王（しかいりゅうおう）」と呼んでいる。四海龍王は兄弟の龍で、長男の東海龍王、敖廣（ごうこう）がリーダーをつとめている。

　敖廣たち四海龍王は、海底にある宮殿「水晶宮」で暮らしている。これは日本でいう「竜宮城」にあたるものだ。彼らの暮らしぶりは、歴史上の中国における王侯貴族そのものであり、龍王一家だけではなく、亀や鯉の大臣、魚やカニやエビの使用人たちも住んでいた。海底の宮殿にいるときの龍王たちは、髭（ひげ）を生やした人間の姿を取っており、龍の姿に戻ることはめったにない。

　四海龍王たちは、道教の最高神「玉皇上帝（ぎょくこうじょうてい）」から世界の海と雨の管理を任された偉大な龍神なのだが、どういうわけか創作の世界に登場する四海龍王からは、偉大さがまったく感じられない。例えば世界の雨を管理する仕事では、雨を降らせすぎて洪水を起こしたり、逆に雨を降らすのを忘れて地上を水不足におちいらせてしまうなど適当な仕事ばかりしており、玉皇上帝に何度も怒られているが改善する気配が見られない。人格的にも、上位者に媚び、目下の者には偉そうな態度を取るという、まったく尊敬に値しない性格で描かれている。

　中国の神仏や妖怪を紹介した本《中国妖怪人物事典》によると、龍王たちが好感の持てない性格で描かれるのは、中国の一般庶民の「役人嫌い」な気質が原因だという。玉皇上帝から指示を受けて四海を支配する龍王は、現実世界で言えば、皇帝から命令を受けて地方に派遣されてきた役人にあたる。中国の庶民は、役人たちの下位の者には威張りちらし、上位の者には媚びへつらう態度を軽蔑（けいべつ）していた。このような時代背景があったからこそ、似たような立場の龍王たちが、破天荒な英雄にやり込められる物語が数多く作られたのであろう。

ちなみに、この敖廣以外の四海龍王のことを93ページでくわしく紹介してるよ。まあこの私ほどじゃないけど、中国のドラゴン文化を知りたいなら重要な龍だから、一応目をとおしておくといいんじゃない？

illustrated by たわわ実

天皇家の祖先には龍もいた!?
トヨタマビメ

漢字表記：豊玉姫／豊玉毘売　出身：日本
大きさ：小屋のなかでとぐろを巻ける程度

天皇家の祖を産んだ龍

　日本の歴史書『日本書紀』や『古事記』によれば、天皇家は古代から続く、神を祖先とする一族だが、『日本書紀』によると、天皇家は神だけでなく龍の血も引いているという。天皇家の先祖になった龍神、それがトヨタマビメだ。

　トヨタマビメの夫は、初代天皇である神武天皇の祖父「ホオリ（火遠理）」であり、トヨタマビメとホオリの結婚神話は、日本全土に天皇家の支配が広がっていく様子をあらわしたもの、と考えられている。

　とある事情から、ホオリは海の神が治める海底宮殿を訪れることになるのだが、ホオリはそこで美しい海神の娘、トヨタマビメと出会い結婚する。ホオリは海底の宮殿で3年間の結婚生活を過ごしたあと、ひとり地上へと帰って行った。

　結婚生活で子供を身籠っていたトヨタマビメは、しばらくあとになってからホオリの元を訪れ、「あなたの子供を産むときがきた」と告げて出産の準備に取り掛かった。彼女はまず小屋を建て、茅葺きの屋根の代わりに"長良川の鵜飼い"で有名な水鳥「鵜」の羽で屋根を作ったのだが、お産が始まるまでに屋根の製作がまにあわなかった。そしてトヨタマビメは小屋の中で龍の姿に戻り、男の子を出産したのである。この男の子は出生の経緯から「ウガヤフキアエズ（鵜草葺不合命）」と名づけられた。

　ところが、この出産は幸福なものにはならなかった。トヨタマビメは、お産の時には龍の姿に戻らねばならず、それを見られるのを嫌ってホオリには「絶対に小屋の中をのぞかないように」と告げていた。だがホオリは約束を破って小屋の中をのぞき、トヨタマビメの正体を見てしまったのだ。彼女は正体を見られたことを恥じて海に帰ってしまい、二度と戻ることはなかったという。

　海へ帰ったトヨタマビメは、息子を育てる乳母役として、自分の妹のタマヨリビメをホオリのもとに派遣した。タマヨリビメは姉の子供であるウガヤフキアエズを育てたあと、みずからその妻となって、のちの初代天皇「神武天皇」を産んだのである。

あれれ、応龍さん、日本の初代天皇って、パパが人間と龍のハーフで、ママが龍なんですよね。……つまり4分の3は龍ってことですか？　すごい、日本の天皇様って龍の一族だったんですか！

メイドさんではありません

ドラゴンメイド

欧文表記：Dragonmaid　出身：ランゴ島（ギリシャ）／アイルランド
大きさ：体長約30メートル（100フィート）／人間と同じくらい

美しい女性が醜い竜に

　ヨーロッパには「美しい女性が竜の姿に変えられ、愛と勇気の力で人間に戻る」という物語が非常に多い。このようにドラゴンの姿に変えられた女性のことを、英語では「ドラゴンメイド」という。この「メイド」とは、乙女、処女という意味だ。

　世界各地にあるドラゴンメイド伝説のなかで特に有名なものに「レディ・オブ・ザ・ランド」という物語がある。この伝説は、14世紀のフランス人作家ジョン・マンデヴィルの作品『東方旅行記』に掲載されている。

　この本によると、地中海の東の果てに浮かぶギリシャ領の島「ランゴ島」の打ち捨てられた城には、魔法の呪いでドラゴンにされた国王の娘がひっそりと暮らしていたという。彼女は決して人間に危害を加えることはなく、島の人々は敬意をもって、そのドラゴンを「レディ・オブ・ザ・ランド（島の女主人）」と呼んでいた。この不幸な女主人の呪いは、男性が彼女にキスをすれば解け、人間の姿に戻るというのだが、それは非常に困難である。レディ・オブ・ザ・ランドの外見はとてつもなく醜悪で、試練に挑んだ勇敢な騎士が「我慢してキスすれば、呪いが解けて美女に戻る」ことがわかっていても、耐えきれずに逃げ出すほどなのだ。

　ここまで紹介してきたドラゴンメイドは、ふだんはドラゴンの姿をしているが、正体は人間の乙女という存在だ。だがイギリスの西にある島、アイルランドの「ケルト人」の伝承にもドラゴンメイドは登場し、こちらは「体の一部が人間の女性で、それ以外がドラゴンの姿をした竜人」だという。ケルトのドラゴンメイドは、不妊症に悩む夫婦の前にあらわれる。夫婦が彼女をもてなせば、ドラゴンメイドは夫婦に子供を授けてくれるのだが、彼女を邪険に扱えば災いがふりかかるという。このケルトのドラゴンメイドは、竜女メリュジーヌ（➡p126）に近い存在だと考えられている。もともとメリュジーヌ伝説は、ヨーロッパのなかでもケルトの伝承が色濃く残っているブルターニュ地方の伝説であり、ケルトの竜人ドラゴンメイドとつながりがあるのだ。

ドラゴンメイドの「メイド」っていうのは、「使用人」のメイドさんじゃなくて、男を知らない処女って意味よ。どっちも英語の綴りは"maid"で同じだけど、フリフリのメイド服を着てくれるワケじゃないの、残念ね〜。

illustrated by yuui

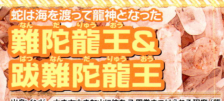

蛇は海を渡って龍神となった
難陀龍王 & 跋難陀龍王

出身インド　大きさ大きな山に体を7周巻きつけられる程度（龍の姿の場合）

仏教を守る8体の龍王たち

　東アジアのドラゴンといえば、中国にルーツを持つ龍ばかりが注目されるが、実は南の大国「インド」から来た龍もいる。世界三大宗教のひとつであり、日本でも広く信仰されている「仏教」の護法の神である「龍王」は、インドの神話に登場する「ナーガ」という異形の怪物が、中国に渡ったことで龍と見られるようになった存在だ。

　ナーガはインド神話における蛇の精霊または蛇神で、毒蛇のコブラを神格化したものだと考えられている。絵画ではしばしば上半身が人間、下半身が蛇の姿の生き物として描かれており、その外見は龍とは言い難いものがある。だが仏教が中国に伝わったときに、コブラという蛇を知らない中国の学者たちが「このナーガという存在は、我々が信じている龍と同じものだ」と考えたため、龍という字で翻訳されるようになった。以降、中国をはじめとする漢字文化圏では、龍王を長い蛇の体を持つ中国の典型的な龍の姿や、あるいは人間の上半身と蛇の下半身を持ち、頭の上に冠のように龍を乗せた姿で描かれている。

　これらの、インドから中国に伝わった龍王のなかで、もっとも偉大で有名なのが以下にあげる「八大龍王」と呼ばれる龍王たちだ。日本に伝わってからは古来から雨乞いの神様として各地で祀られているが、もともとは仏教の経典『法華経』で紹介されている8体の龍王で、仏の教えや仏教の信者を守る種族「天龍八部衆」の一角として活躍している。

名前	名前の意味	特徴や逸話
難陀	歓喜	ブッダの直弟子。ブッダの体を霊薬で清めた
跋難陀	亜歓喜	難陀竜王の弟。兄とともに地上に雨を呼ぶ
娑羯羅	大海	日本では雨乞いの神様として信仰されている
和修吉	宝	日本では胴体ひとつに9つの頭がある姿で信仰された
徳叉迦	視毒	怒ると相手をにらみつけ、視線で相手を殺してしまう
阿那婆達多	清涼	ヒマラヤ山脈に近い池から、世界中の川に水を供給する
摩那斯	大力	悪魔の水攻めに対して、巨大な体で水を押し戻した
優鉢羅	蓮華	青いレンゲの花が咲く池に住んでいる

八大龍王筆頭、難陀龍王

　名前のとおり8体いる「八大龍王」のリーダーは、兄弟である2体の龍だ。兄は「難陀龍王」、弟は「跋難陀龍王」という。難陀とは、インドの言葉サンスクリット語で「歓喜」を意味する言葉「ナンダ」を音訳したものである。歓喜とは仏教用語で、"かんき"ではなく"かんぎ"と読み、ありがたい説法を聞いたり、徳のある行為を見たときの宗教的な喜びのことを指す。有名なところでは、象の頭を持つことで有名なインドの神ガネーシャは、仏教では"歓喜天"ナンディケーシュヴァラと呼ばれているが、難陀龍王のナンダは、この「歓喜」および「ナンディ」と同じ意味である。

　弟の跋難陀龍王のほうはは、「跋」に"越える""最後"という意味があり、サンスクリット語読み「ウパナンダ」の"ウパ"に"準じる"という意味があることから、「難陀龍王の弟」という意味の名前だと思われる。

　このふたりの龍王は、仏教の普及に大きく貢献した。仏教の開祖であるブッダが誕生したとき、空からアムリタ（甘露）という聖なる飲み物を降らせてブッダの体を清めている。また成長したブッダが自分の教えを広め始めると、一族の龍王を引き連れて説法を聞きに行き、ブッダが仏教の道場を置いたマガダ国の守護龍となって、民衆が飢えに苦しまずに済むよう保護するなど、ブッダとその弟子たちを守っている。

　仏教の教典『法華経』の記述によると、難陀龍王は海の支配者だ。その姿は、人間の体を基本に、右手に剣を持ち、左手を腰に添えており、頭上には9匹の龍が描かれることが多い。弟の跋難陀龍王も人間の体を持ち、頭上には龍がいるところは同じだが、頭の上の龍が7匹で、左手を腰に添えていないという違いがある。

なぜ龍が仏教を信じるのか

　仏教とは簡単に言えば「苦しみから解放される」ことを目的とした宗教だ。人間であれば老化や病気などの、避けがたいさまざまな苦しみがある。世界的に見ても、厳しい現実から宗教に救いを求めるのは自然なことだ。だが、永遠に近い寿命と強靭な肉体を持つ龍王たちは、そのような苦しみとは無縁ではないかと思える。彼ら龍王たちにも仏の教えが必要である理由は、龍の持つ「三熱」という苦悩にあるという。

　三熱とは、仏教における龍や蛇たちが受けるという、3つの苦しみをまとめたものだ。まずひとつは「熱風や熱砂に全身を焼かれる苦しみ」、ふたつめは「美しい衣服や装身具が、暴風で吹き飛ばされる苦しみ」、3つめは「龍の天敵である金翅鳥（インドの神鳥ガルダのこと）に肉体を喰われる苦しみ」だ。

　仏教世界の龍や蛇たちは、三熱の苦しみから解放されようと、進んで仏教の信者になるというのだ。そして仏教の敬虔な信者である難陀龍王たち八大龍王は、三熱の苦しみから完全に解放されているという。

難陀竜王の「難陀（なんだ）」は、インド神話に出てくる下半身が蛇になった一族「ナーガ」を漢字にしたものだって説があるけど、「歓喜（ナンダ）」の音訳だっていう説と矛盾してるような？　どっちが正しいんだろ？

中国の四海龍王

84ページでは、中国の四方の海を守る「四海龍王」さんのうち、東を守る敖廣さんにしか会えなかったでち。それ以外の3方向の龍王さんにもお会いしたいでち!

四海龍王：世界の海を管理する龍神

　中国は、東西南北の方位にこだわるお国柄である。彼らは東西南北の海に、その方角の海を管理する龍神がいると考えている。

　日本の平安時代後期にあたる1040年、中国の王朝「宋(そう)」の皇帝は、四方の海を守護する龍神を「王」に任命し、正式な称号を授けている。それまでの龍神は、王よりも1ランク低い地位の「公」と呼ばれていたので、この1040年が正式な意味での「四海龍王」の始まりだといえるだろう。

　四海龍王は中国の創作にも登場し、特に『西遊記』や『封神演義』では固有の名前で呼ばれている。これらの情報をひとつにまとめたのが以下の表である。

――四海龍王の種類と呼び名――

呼び名	本名	龍の種類	称号
東海龍王	敖廣(ごうこう)（敖光）	蒼龍	広仁王
南海龍王	敖欽(ごうきん)（敖明）	赤龍	嘉沢王
西海龍王	敖閏(ごうじゅん)（敖順）	白龍	義済王
北海龍王	敖順(ごうじゅん)（敖古）	黒龍	霊沢王

※ 個体名は小説『西遊記』での表記。カッコ内は、小説『封神演義』での表記

中国の"四方の海"とは？

　中国の地図を思い浮かべると、中国の東と南には海があるが、北と西には広大な陸地が広がっており、そこに海などないように見える。だがこれは現代的な狭い見方にすぎない。中国を世界の中心とみなす思想「中華思想」では、皇帝が住む都を世界の中心だと考える。皇帝のいる場所を中心に広大な大地が広がり、その外側を海が取り巻いているというのが中華思想の世界観だ。つまり東と南だけではなく、「中国の北にも西にも海がある」ので、西と北の海に竜王を置くのは自然なことなのだ。

中国をまんなかに置いて西と北の海を見ると、北の海は北極海、西の海は地中海か大西洋になりますね。そんな遠くのことまで考えてるなんて、中国のみなさんはスケールが大きいです♪

鋭く引き裂きかじりつく

ニーズヘッグ

欧文表記：Nidhogg　出身：北欧
大きさ：翼にたくさんの人間を乗せて飛べる程度

世界樹の根を枯らす悪竜

　雷神トールやヴァルキリーなどで有名な「北欧神話」の世界には、ユグドラシルという大樹がある。この木は人間の世界も含む、世界すべてを覆い包んでいる大木で、その壮大なスケールから「世界樹」という異名もある。ニーズヘッグは、このユグドラシルの根の近くに棲むドラゴンだ。ニーズヘッグは翼のある黒いドラゴンであるとも、黒い蛇のような姿をしているともいわれる。多くの蛇たちを手下として従えており、彼らとともに世界樹ユグドラシルの根をかじって生活している。ニーズヘッグは悪の存在であり、世界樹をかじることで、世界を破壊しようと目論んでいるのだ。

　世界を破滅させるべく、毎日コツコツと世界樹の根を傷つけているニーズヘッグだが、そのたくらみは絶対に成功しない。なぜなら、ニーズヘッグたちが世界樹につけた傷を、毎日癒し続ける神々がいるからだ。世界樹ユグドラシルの根は3本に分かれていて、ニーズヘッグたちがかじっているのはその1本、「運命の泉」という泉に向かって伸びているものだ。この神聖な泉の近くには、ウルド、スクルド、ベルダンディの名前で知られる運命の女神たちが住む館がある。彼女たち3姉妹は、泉の神聖な水を毎日根っこにかけてユグドラシルの傷を癒し、健康を維持している。この女神たちがいる限り、ニーズヘッグの野望は永遠に叶わないのである。

　北欧神話にはさまざまなバリエーションがあり、別の伝承によれば、ニーズヘッグは世界樹の根元で死者の体を引き裂いているという。また別の伝承では、ニーズヘッグが棲むのは世界樹の根元ではなく、毒が流れる川「レートナンド」の岸辺であり、そこでニーズヘッグは死者の血をすすっているのだという。このような伝承からか、ニーズヘッグには「死体を引き裂く者」「恐ろしい噛みつき獣」などの、いかにも凶悪そうな二つ名がついている。ちなみにニーズヘッグという名前自体も、かつて北欧で使われていた言葉の「ニーズ（悪）」と「ヘッグ（切る者）」という単語を組みあわせたもので、直訳すれば「悪しき切断者」という意味になる。

神話ではずーっと悪役やってるニーズヘッグくん、なぜか世界の終わりの日「ラグナロク」では、死者の魂を翼に乗せて空を飛ぶって書かれてるわ。悪役廃業するのかしらね？

illustrated by えめらね

飛竜

7つの飴玉いただきます♪
バクナワ

欧文表記：Bakunawa　出身：セブ島（フィリピン）
大きさ：口を開けて月を丸呑みできる程度

月を丸飲みにする超巨大生物

　東南アジアの国フィリピンは、大小あわせて7000以上もの島で構成されている。その数ある島のひとつで、リゾート地として有名な「セブ島」の伝承によれば、遥か古代、神話の時代の夜空には、なんと7個もの月が浮かんでいたのだという。だが、現代の夜空には月はひとつしかない。この残り6個の月がなくなってしまった原因は、バクナワというドラゴンの好奇心にあるというのだ。

　バクナワは海に棲む海竜であり、同時に闇の神でもあった。月を飲み込んでしまったということから、バクナワは非常に巨大な体を持つ、空を飛べるドラゴンだと考えられる。フィリピンに伝わる、7個の月とバクナワの伝承を題材にした絵本《お月さまをのみこんだドラゴン》の挿絵では、バクナワは前足2本と一対の翼を生やした、蛇のような姿で描かれている。

　《お月さまをのみこんだドラゴン》の物語によれば、ある日バクナワは夜空に浮かぶ月を見て、まるで飴玉みたいでおいしそうだと思い、月を丸呑みにしてしまった。バクナワは呑み込んだ月を、身体の中でコロコロと転がして遊んでいたのだが、月は飴玉のように少しずつ溶け、消えて無くなってしまった。するとバクナワは、ふたつ目の月を呑み込んで同じように遊び、溶けてなくなるとまたもう1個を呑み込む、という具合に、次々と月を呑み込んでいったのだ。

　そして、最後の月が呑み込まれようとしたときのこと。セブ島の人々は笛や太鼓を鳴らしながら、バクナワに「月を呑み込まないでほしい」と大騒ぎしながら懇願した。騒ぎに気がついたバクナワは、神である自分の姿を人間に見られてしまった事に気がつき、あわてて海の底へと逃げていった。

　フィリピンの天空神バサラは、最後に残ったひとつの月を何としても守るべく、月に竹を植えて輝きを封じ込め、バクナワに見つからないようにした。月の表面にある暗い部分は、バサラが植えた竹やぶが成長したものなのだという。

ドラゴンのお話をいろいろ聞いたら、フィリピン以外でも、月とドラゴンって一緒に出てくることが多かったでち！　178ページでは、中東地方の学問に出てくる月のドラゴンを紹介しているでちょ！

馬の姿は世を忍ぶ仮の姿！

白龍馬
はくりゅうば

出身：中国　大きさ：不明

三蔵法師を乗せた龍＝馬

　孫悟空でおなじみの中国の小説『西遊記』は、中国の仏教僧、三蔵法師こと「玄奘 三蔵」が、孫悟空たち3人のおともを連れて、天竺（インド）までありがたいお経を取りに行く物語である。日本ではアニメ、ドラマなどで映像化されているが、どちらも三蔵法師が白い馬に乗っていることを覚えているだろうか。実はこの白馬は名前を「白龍馬」といって、その正体は龍なのである。白龍馬は白い体色をした男性の龍であり、白龍、小龍、玉龍などさまざまな名前で呼ばれる。父親は中国の四方の海を支配する四海竜王（→p93）のひとり、西海龍王「敖閏」である。

　ある日、白龍は火の扱いを誤り、火事を起こして父の宝を焼いてしまった。その罪をつぐなうため、彼は三蔵の一行につき従うことになったのだ。ところが三蔵たちと合流するとき、待ちくたびれて飢えていた白龍は三蔵に気づかないばかりか、三蔵たちが連れていた教典運搬役の白馬を丸呑みにして食べてしまったのだ。そのため観音菩薩という仏が、白龍を馬の姿に変え、食べてしまった馬の代わりに三蔵と教典を運ぶことを命じたのである。

　以降、白龍馬は三蔵を背に乗せて長い旅をするが、孫悟空たちが敵の妖怪と激しい戦いを繰り広げる一方で、白龍馬はただ「馬」であり、龍の力を振るうことはほとんどない。数少ない例外は、全100回構成の『西遊記』の第30回に登場する。

　悟空が三蔵と仲違いして故郷の山に戻ったときのこと。悪い妖怪が三蔵をだまして猪八戒を追放させ、沙悟浄を蹴散らして、三蔵を虎に変えた。これを放っておけない白龍馬は、その妖怪が宮殿で贅沢を尽くしていたとき、手綱を引きちぎって龍の姿に戻り、宮廷女官に変身して妖怪に取り入った。そして中国の宴会でよく演じられる「剣の舞」を踊ると見せかけ、油断している妖怪に斬りつけたのだ。結局斬りあいのすえ白龍馬は敗れてしまったのだが、猪八戒が傷だらけの白龍馬を発見し、孫悟空を故郷から呼び戻してきた。白龍馬の勇気が仲間を動かしたのである。

中国にはいろんな龍がいるけどさあ、自分から進んで人間の女の子になった「男の龍」ってすごい少ないんじゃない？　だってこの子、仮にも龍王の息子だよ？　へんな趣味に目覚めなければいいけど……。

ドラゴン 飛竜

石化ドラゴンはいかに生まれたか
バジリスク＆コカトリス

欧文表記：Basilisk ／ Cockatrice　出身：ヨーロッパ全域
大きさ：体長 20cm 程度〜人間より大きい場合も

猛毒蛇から石化怪物へ

　バジリスクはトカゲの姿で、コカトリスは蛇の尾を持つ鶏の姿で描かれることが多い怪物だ。この 2 匹はともに、近年の創作作品では生物を石化させる怪物として描かれているのだが、もともとは石化の能力など持っていなかった。ここでは 2 匹の本来の姿と、彼らが石化能力を手に入れるまでの過程を紹介しよう。

　バジリスクを初めて取り上げた文献は、今から 2000 年ほど前にギリシャの学者プリニウスが書いた『博物誌』だ。それによれば、バジリスクは北アフリカに生息する体長 25cm 未満の蛇で、頭に王冠のような白い模様がある。体内に強力な毒を持つため、呼吸するだけで草を枯らし石を砕くという。この毒蛇の伝説が誇張され、やがて「バジリスクは視線で相手を毒殺する」と考えられるようになった。

　もう一方のコカトリスは、バジリスクの伝承が変化して生まれたものだと考えられている。12 世紀ごろから、バジリスクの姿は以下の 2 種類の姿で描かれ始めた。ひとつは頭に王冠をかぶった 8 本足のトカゲという姿で、ドラゴンの特徴を持つもの。もうひとつは蛇の尻尾を持つ鶏で、これがコカトリスの原型なのだ。鶏の体に蛇の尻尾を持つ怪物はやがてバジリコックと呼ばれはじめ、名前の「cock」の部分が強調されて「コカドリーユ」に変化した。我々もよく知る「コカトリス」という名前は、これが英語風に変化したものなのだ。このコカトリスの特殊能力は口から毒の息を吐く、視線だけで敵を殺すなど、バジリスクとほぼ同じである。

　また、バジリスクやコカトリスの「生き物を石に変える」という特性は、コカトリスの「視線の毒で生き物を殺す」という伝承が、時代とともに変化するなかで生まれたものと考えられている。このような伝承がいつごろ生まれたのかは不明だが、少なくとも 19 世紀初頭には、複数の書物に「バジリスクには視線で生き物を石に変える力がある」と書かれている。バジリスクの石化能力に、最低でも 200 年以上の伝統があることだけは間違いないだろう。

視線に毒があるバジリスクさんと戦うときは、ガラスや水晶玉を使うといいそうですよ。ガラスや水晶はバジリスクさんの視線の毒を跳ね返すから、これを通して相手を見れば毒を受けずにすむそうです。

甚五郎作は動いてあたりまえ
左甚五郎の龍

出身：日本各地
大きさ：木彫りの彫刻（物によって、より大きくなる）

伝説の彫刻師「左甚五郎」が生命を吹き込んだ木彫龍

　左甚五郎の龍とは、江戸時代に実在した彫刻家が彫った、種も仕掛けもいわれもない、ただの木彫りの龍である。ところがこの左甚五郎という彫刻家、並大抵の人物ではない。酒好きで口が悪くさえない外見だが、物に頓着せず権威を恐れず情に厚く、そしてなにより、どんな彫刻師よりも立派な仕事をするのである。左甚五郎の作品はあまりに完成度が高すぎるため、江戸時代の講談など物語の世界では「左甚五郎の作品はひとりでに動き出す」というのが定番になっているのだ。彼が作れば猫も鯉も水仙も、そしてもちろん"龍"の彫り物も生き物のように動き出すという。

　あるとき甚五郎は、近江国（滋賀県）の三井寺で龍を彫った。龍はあまりに見事であったため命が宿り、夜な夜な琵琶湖に飛び込んで洪水を起こした。甚五郎はこの龍が「あまりに完全だったのがよくなかったのだ」と悟り、龍の目にノミ（釘だとする話も）で傷をつけたので、以後龍が暴れ出すことはなくなったという。

　別の話では、甚五郎はほかの３人の名人と競って、江戸は上野の寛永寺に龍を納めることになった。しかし甚五郎は実際に龍を見たことがないので、観音様に「一度見たい」と願をかけたところ、上野の不忍池から天に昇る龍が目に浮かび、それをもとに作品を仕上げた。甚五郎の龍は他の３人の作品にくらべてあまりにみごとであったため、木彫りの龍は動きだし、夜な夜な不忍池に出て水を飲んだ。あまり人を騒がせてはいけないと、甚五郎は龍の片目にノミを打ちこんだ（一説に、足へ鋲を打ちこんだ）ので、以後龍が動き出すことはなくなったという。

　寛永寺のとなりにある上野東照宮にも左甚五郎作とされる２体の龍の彫り物があり、同様の伝説が残されている。ちなみに上野東照宮の２体の龍は、頭を下向きにしているほうが「昇り龍」、頭を上向きにしているほうが「降り龍」と名づけられている。これは、偉大な人物ほど頭を垂れるという格言をもとに、あえて頭の向きとは逆の名前がつけられているのである。

そういえば中国には「画竜点睛」っていう言葉があるでち。あっちはたしか「絵の龍に瞳を描いたら、龍が動き出して天に昇った」って話でち。動きを止めるために傷をつけた甚五郎さんとは逆のパターンでちね。

illustrated by 御園れいじ

炎の中で生きてます

ピュラリス

欧文表記：Pyrallis、Pyrausta、Pyragones　出身：キプロス島　大きさ：ハエより大きい程度

手のひらサイズのミニドラゴン

　ほとんどのドラゴンは巨大で恐ろしい怪物だが、なかには人間より小さなドラゴンもいる。このピュラリスは、体の大きさが指先程度という、特に小さなドラゴンだ。名前の呼び方にはいくつかの種類があり、ピュラウスタ、ピュラゴネスなどと呼ばれることもある。現代イギリスの動物学者にしてドラゴン研究家、カール・シューカー博士のドラゴン紹介本《龍のファンタジー》によると、ピュラリスの外見は、ハエより少し大きいくらいの青銅色の体から、4本の足と透明な羽、そしてドラゴンそのものの首と頭が生えているという。

　ピュラリスは、地中海の東の果てに浮かぶ「キプロス島」に生息している。かつてのキプロス島は銅の名産地であり、銅を溶かして固める「鋳造所（ちゅうぞうじょ）」という施設が数多く存在していた。ピュラリスはこの鋳造所の炉の中に棲んでいて、炎のなかで群れを作り、火花のように踊り跳ねているのだという。このようにピュラリスは、炎のなかで生きている、という珍しいドラゴンなのだが、その反面で「炎のなかでしか生きられない」ドラゴンでもある。炎から引き離されたピュラリスは、どこかへ飛んでいこうとするが長くはもたず、しばらくすると死んでしまう、というのだ。

　このピュラリスというドラゴンが初めて紹介されたのは、今から2000年近く前、1世紀のローマで書かれた百科事典『博物誌』だ。この本の記述では、ピュラリスがドラゴンであることや、頭がドラゴンの形をしていることこそ明言されていないが、それ以外の特徴である羽と4本の足、火の中でしか生きられないという生態がはっきりと書かれている。ピュラリスはほかのドラゴンより体は小さいが、彼らに負けないほどの長い歴史を持つ存在なのだ。

　現在、ピュラリスの伝承はほとんど姿を消してしまっているが、その生態はピュラリスと同じように「火の中で生きられる」と信じられていた「火トカゲ」サラマンダーに受け継がれ、別の形で今なお生き残っている。

ピュラリスが棲んでたキプロス島は、銅の英語名「カッパー」の語源になったくらい銅鉱山がたくさんある島なの。さぞかしたくさん銅の溶鉱炉があったんでしょうねぇ、ピュラリスにとっては天国だわ。

illustrated by 毛玉伍長

ピラトゥス山のドラゴン

デザートに月のミルクはいかが？

欧文表記：Dragon of Mt'Pilatus　出身：ピラトゥス山（スイス）
大きさ：人間を乗せて飛べる程度

職人を助けた世話焼きドラゴン

　ヨーロッパには、人間を襲って殺す、食べる、誘拐するなど、人類と敵対するドラゴンの伝承が非常に多いのだが、決して友好的なドラゴンがいないわけではない。イタリアの北にある、アルプス山脈を国土に持つスイス連邦のピラトゥス山には、事故にあった人間を看病した優しいドラゴンの物語が残されている。

　ピラトゥス山は「ドラゴンの山」という異名を持つほどにドラゴン伝説の多い山であり、ここで紹介するドラゴンはそのうちのひとつに過ぎない。もちろんドラゴンの外見も伝承によって異なる。今回紹介するドラゴンは、鱗におおわれた巨大な体に、大きな角と翼が生えているという、いかにもドラゴンらしい姿をしている。

　この物語は、樽職人のクーパーという青年が、冬のピラトゥス山にやってきたところから始まる。青年は山道で足を踏み外し、谷底に落ちて気を失ってしまった。どれぐらいの時が経ったのだろう、ようやく青年が目覚めたところ、目の前に2体の巨大なドラゴンが立っていたのだ。死を覚悟したクーパーであったが、ドラゴンたちは彼を食べるどころか、何と洞窟へ運び込み介抱しはじめた。彼はドラゴンが洞窟の壁面から取ってくれた「ムーンミルク」というチーズのような物体を食べ、眠るときは暖かいドラゴンの身体に抱かれ、ドラゴンたちはクーパーの傷が癒えるまでかいがいしく世話を焼いた。春になり、すっかり元気になったクーパーは、ドラゴンに山の裾野まで運んでもらい、数ヶ月ぶりに故郷に帰ることができたという。

　ちなみにこの「ムーンミルク」という物体は実在しており、その正体は洞窟内の石灰石がバクテリアの影響でクリーム状に固まったものだ。手でちぎれるほどにやわらかく、食べようと思えば不可能ではないのだが、もちろん食用には適さない。

　現在ピラトゥス山は観光地となっており、世界でもっとも急な勾配を登ることで有名な「ピラトゥス鉄道」という電車が運行されている。ピラトゥス鉄道の会社のロゴには、ピラトゥス山を象徴する赤いドラゴンの姿が描かれている。

ムーンミルクってヨーロッパだけじゃなくアジアにもあるらしいわ。日本だと、熊本県の大金峰洞とか、山梨県の青岩鍾乳洞とかにあるそうだけど……ねえみずちー、私も食べてみたい！

夜空を流れるドラゴンの星
ファイアードレイク

欧文表記：Firedrake　出身：イギリスまたは北欧
大きさ：決まった大きさはない

全身に炎をまとったドラゴン

　英語には「ドラゴン」のほかにも、竜をあらわす単語がふたつある。ひとつは「ワーム」、もうひとつは「ドレイク」だ。ドレイクと呼ばれるドラゴンのなかで、広く知られているのは炎のドラゴン「ファイアードレイク」だろう。このファイアードレイクという単語はドラゴンの個体を指すものではなく、ドラゴンの種族名である。

　その名のとおり、ファイアードレイクは火と関係の深いドラゴンだ。口から炎を吐くのはもちろん、伝承によっては全身が炎に包まれているものや、体そのものが炎でできているものもある。イギリスの伝承によると、空から舞い降りてくるファイアードレイクは全身に火をまとっており、空を飛べば真夜中でも、あたり一面が昼のように照らされるのだという。ファイアードレイクについて炎以外の外見を描写した資料は少ないのだが、ヨーロッパの紋章に描かれるファイアードレイクは、4本の足と翼、そしてとがった尻尾を持つ、口から火を吐くドラゴンであることが多い。ちなみにアメリカの文筆家キャロル・ローズは、110ページの「ファフニール」をファイアードレイクの一種だと考えているが、火を吐かないこの竜が同族とされる理由は不明である。

　ファイアードレイクの棲み家となるのは、湿地や沼地、洞窟だ。そして大抵の場合、巣の中に大量の財宝を貯め込んでおり、ファイアードレイクは財宝に近づく者に対して容赦なく攻撃を加えるのだという。もともとドラゴンといえば財宝を集めるものだが、ファイアードレイクの財宝は、ほかのドラゴンのそれとは少々毛色が違なる。1971年にイギリスで出版された、不思議な動物の紹介本《A Dictionary of FABULOUS BEASTS》によれば、このドラゴンが守っている財宝は死者の墓に入れられた副葬品であり、ドラゴンの正体はその死者の魂が変化したものなのだという。この伝承から、ファイアードレイクは「死に対する勝利の象徴」と考えられるようになり、棺桶にこのドラゴンの姿を彫刻する習慣が生まれたのだという。死者の魂がドラゴンの形をとるというのは、世界的に見ても非常に珍しい考え方だろう。

ファイアードレイクは「暖かい空気と冷たい空気が混ざる場所」にあらわれるの。これって気象用語でいう「前線」よね？　雲がたくさんできて、ファイアードレイクが雷になってピカピカ光るのはあたりまえだわ。

呪われた財宝の防人

ファニール

欧文表記：Fafnir　出身：北欧神話
大きさ：体から流れ出した血液で、人間が溺死しそうになる程度

無敵の鱗を持つ毒竜

　世界のドラゴン伝説には、種族名や単に「ドラゴン」と呼ばれるのではなく、個人名を持つドラゴンも少なくない。なかでも特に知名度の高いドラゴンの個体名といえば、ヨーロッパ北部の北欧神話に登場するドラゴン「ファフニール」があげられる。ファフニールは、時代や言語、登場する物語によっては「ファーヴニル」「ファフナー」などの、若干異なる名前でも呼ばれている。

　北欧神話のファフニール伝承には複数のバリエーションがあり、物語ごとにファフニールの外見も微妙に異なっている。多くの場合、ファフニールは4つ足の爬虫類、または手足の生えた蛇という、典型的なドラゴンの姿で描かれている。だが、なかには単に「大蛇」として紹介している物語もある。また、頭に相手を恐れさせる魔法の兜「エーギルの兜」を被って登場する伝承もある。

　ファフニールは西洋のドラゴンに多い、毒の息を吐くドラゴンだ。その全身は非常に硬い鱗に覆われていて、どんな名剣で斬りつけてもはじき返してしまうのだが、腹部だけは鱗に覆われておらず、無敵の強さを誇るファフニールの唯一の弱点となっている。数々のファフニール退治の物語において共通しているのは、英雄が策略によって弱点の腹を突き刺し、倒していることだ。

　またこのドラゴンの肉体には、不思議な魔法の力が備わっている。血液を飲めば動物の言葉が理解できるようになり、心臓を食べた者には誰よりも優れた知恵が身につくのだ。また、北欧神話と起源を同じくする別の物語では、ファフニールの血液を浴びた者の身体は、どのような武器でも傷つかない、非常に固い皮膚を持つ不死身の肉体に変化する、というものもある。

　ファフニールは、荒野の先にある森の中の洞窟に棲んでおり、その巣の中には大量の財宝が隠されて

人間の勇者シグルズ（→p111）に腹部を刺されるファフニール。1911年、イギリス人画家アーサー・ラッカム画。

いる。このドラゴンは宝を守りながら暮らしている……つまりファフニールを討伐した者には、その肉を食べ、血液を飲み、身体に浴びることで魔法の力を手に入れるだけでなく、棲み家に貯め込んでいる大量の財宝も手に入るのである。

ファフニールの誕生と最期

　実はファフニールは、生まれながらのドラゴンではない。北欧神話に登場する小人族「ドヴェルグ」の青年ファフニールが、ドラゴンに変身した姿なのだ。大量の財宝は、神に子供を殺されたドヴェルグの父親が、その賠償として神から受け取ったものである。財宝に目がくらんだファフニールとその弟のレギンは、父親を殺して財宝を我が物にせんと目論んだ。ファフニールは父親を殺すと、弟のレギンを出し抜いて財宝を奪い、財宝を守るためにドラゴンに変化したのだ。

　兄に出し抜かれたレギンは、刺客を育ててファフニールを殺し、財宝を奪うことえを計画した。彼が見出した刺客候補こそ、北欧神話の英雄「シグルズ」である。北欧神話の最高神オーディンの血を引くシグルズは、優れた身体能力を持ち、騎士道精神にあふれた人物だった。レギンは彼に英才教育をほどこし、シグルズの亡き父が持っていた剣を鍛え直して名剣「グラム」を作り与えた。ドラゴン退治の話を持ちかけて名誉欲を煽り、シグルズがファフニールを殺したら、その場でシグルズを謀殺して宝を独占するのがレギンの計画である。

　シグルズはファフニールの棲む洞窟にやってくると、その通り道に穴を掘り、その中に潜んでファフニールを待った。そしてドラゴンの巨体が穴の上を通過したとき、シグルズはファフニールの弱点である腹を名剣グラムで突き刺し，みごとファフニールを倒すことに成功したのだ。

　その後、シグルズは意図せぬアクシデントでファフニールの血を舐め、動物と会話する能力を手に入れた。この力で、周囲の鳥たちが「レギンがシグルズを殺すつもりだ」と話しているのを聞いたシグルズは、先手を打ってレギンを殺し、ファフニールの財宝をすべて手に入れたのである。

ファフニールが残した呪い

　ファフニールは死の間際、シグルズに「自分の宝を手に入れた者には災いがふりかかる」という予言を残していた。実はファフニールが得た宝には、神々からの呪いがかけられており、ファフニールの父、ファフニール、レギンが無残な死を迎えたのも、ファフニールがドラゴンになったのも、すべてはこの呪いのせいだったのだ。

　予言のとおり、シグルズはこのあと不幸な死を迎えることになる。彼は将来を誓いあった女性ブリュンヒルドの記憶を失い、その女性の目の前で別の女性と結婚。嫉妬したブリュンヒルドに謀殺されてしまったのだ。

> ファフニールって名前は知らなくても「ファフナー」っていう名前なら、どこかで聞いたことない？　これは私のお話のドイツ版、オペラ『ニーベルンゲンの指環』で使われたバージョンの名前なのよ。

illustrated by 久野モトキ

最強の黒竜とドラゴン3兄弟
フェルニゲシュ

欧文表記：Ferniges　出身：ハンガリー
大きさ：大柄な馬に乗れる程度

人間臭い悪しき黒竜

　その昔、東ヨーロッパの国「ハンガリー」には、フェルニゲシュというドラゴンの首領がいたという。フェルニゲシュは黒い体と翼を持つ立派なドラゴンなのだが、人間の言葉を話す、馬に乗って走る、ピーナッツを食べて昼寝する、葉巻たばこを吸うなど、おおよそドラゴンらしくない振る舞いが数多く見られる。

　この黒竜は、ハンガリーの民話『勇士ヤーノシュと黒竜フェルニゲシュ』に登場する。これは、若き勇者ヤーノシュが、お姫様を誘拐した黒竜フェルニゲシュに立ち向かい、みごとに救い出す物語だ。

　両親を亡くし、3人の姉を竜に奪われた孤独な青年ヤーノシュは、同じように両親と兄弟を亡くした、城に住むお姫様と意気投合して結婚した。その後、ヤーノシュは好奇心と不注意から、城の中に封印されていた危険な黒竜フェルニゲシュを解放してしまう。この黒竜は青年を叩きのめし、姫をさらって飛び去って行った。ヤーノシュはただちに黒竜の居場所を求め、同時に姫を救い出す旅に出る。

　姫を助ける旅の途中、ヤーノシュは頼もしい仲間と出会った。それはドラゴンの3兄弟である。彼らは過去に悪しき黒竜を封印した勇士であり、同時にヤーノシュの3人の姉たちを無理やり連れ去った張本人でもあった。だが連れ去られた姉たちはそれぞれ3兄弟のドラゴンと結婚し、彼らが住む地で幸せな生活を送っていた。これに安心したヤーノシュは、義理の兄であるドラゴンたちの力を借りることにした。

　ヤーノシュと義兄の竜たちは、姫を奪い返すための戦略を練り始めた。フェルニゲシュは、義兄竜いわく「自分たちが1000人集まっても勝てない」ほど強いドラゴンなのだ。ならば戦わずに姫だけを連れ戻そうと、姫がひとりになる隙を突いて助け出し、俊足の馬で逃げる作戦を立てた。ヤーノシュは俊足を誇る6本足の馬を借り受け、それに乗って姫を助け出すことに成功する。このとき、馬に乗ってヤーノシュを追いかけたフェルニゲシュは6本足の馬に振り切られ、地面に激突して絶命したのだという。

ドラゴンが1000体束になってもかなわないドラゴンの死因が、交通事故死って、なんだか締まらないわねぇ。ファーファ？　ファーファはちゃんと信号を守って、横断歩道を渡るのよ～？

元祖！火を吹き宝を守る竜
ベオウルフのドラゴン

欧文表記:Beowulf's Dragon　出身:ゲアタース（スウェーデン）
大きさ:50フィート（約15メートル程度）

不屈の英雄と戦った「最後の敵」

　イギリスでまとめられた『ベーオウルフ』という英雄物語がある。この作品は、8世紀ごろに作られたイギリス最古の文学作品のひとつで、ベオウルフという王の一生を描いた物語である。生涯を通じて数多くの敵を倒してきたベオウルフが、自分の命を代償に仕留めた最後の敵は、炎と毒を吐く巨大なドラゴンだった。

　ベオウルフの物語にはいくつかのバージョンがあり、ドラゴンについての描写がやや異なる場合がある。篠崎書林《新口語訳ベオウルフ》の記述によれば、このドラゴンは全長が50フィート（約15m）もある、非常に大きなドラゴンであったという。鱗はまだら模様になっていて、鋼鉄の剣をはじき返すほどに硬いのだが、腹部だけはほかの部分よりも柔らかく、そこが唯一の弱点であった。

　このドラゴンの棲み家は崖の洞窟で、その中には滅亡した貴族の財産が大量に隠されていた。だがあるとき、洞窟に迷い込んだ人間が、ドラゴンが眠っている隙に財宝のひとつを盗み出したのだ。財宝を奪われたことに激怒したドラゴンは、毎日夜になると洞窟を飛び立ち、ベオウルフの治める国を炎で焼くようになった。なぜなら財宝を盗んだ犯人が、ベオウルフに仕えていた召使いだったからだ。

　国を守るため、そして財宝を手に入れるためにドラゴンの討伐に向かったベオウルフ一行であったが、その戦いは壮絶なものとなる。部下はただひとりを除いて皆逃げ出したため、ベオウルフは単身ドラゴンに立ち向かったが、愛剣ネイリングをドラゴンに振り下ろすと、ネイリングは硬い鱗に阻まれて折れてしまった。

　ひとり残った部下のヴィースラフは、王の剣が折れると同時にベオウルフの援護をはじめ、戦いは2対1の乱戦となる。そしてベオウルフはドラゴンの牙で首筋を貫かれて致命傷を受けるが、ヴィースラフはその隙をつき、ドラゴンの弱点である腹部を剣で突き刺してドラゴンの動きを止めることに成功した。最後はベオウルフ自身が短剣でドラゴンの体を引き裂き、とどめを刺したのである。

このベオウルフさんのお話って、名前がついてる名剣がたくさん出てくるのに、いまいちびしっと活躍する剣が少ないんだよなー。ただそのぶん、剣が折れてもくじけないベオウルフさんの不屈の闘志がきわだつね！

ふさふさ羽毛に毒のトゲ
ペルーダ

欧文表記:Peluda　出身:ラ・フェルテ・ベルナール地方（フランス）
大きさ:川に入ると川の水があふれ出す程度

世界の破滅を乗り越えた驚異的な生命力

　フランス北部のラ・フェルテ・ベルナール地方のドラゴン「ペルーダ」は、ヨーロッパのドラゴンとしては珍しい、体を羽毛に包んだドラゴンだ。全身の羽毛の中には無数の毒のトゲが生えており、このトゲは触った者を毒で侵すだけではなく、飛び道具として発射もできる、攻防一体の武器なのだ。また、ペルーダは口から炎や大量の水、強酸の液体を吐きかけるという能力も持っていた。特に炎の息の威力はすさまじく、一息で10km四方の野原を焼き払うほどであった。

　ペルーダの外見は、緑色の皮膚に覆われた胴体からごつごつとした亀のような4本足が生えていて、巨大な蛇のような頭と尻尾を持ち、胴体部分は羽毛とトゲに覆われている。その体は桁違いに大きいというが、具体的な大きさは不明である。ただしペルーダが川に入ると、足踏みするだけで川の水が溢れて洪水が起きた、という記述があるため、途方もない大きさであったことは読み取れる。ペルーダはその巨体から繰り出される攻撃力と先述したさまざまな破壊の能力、さらには強い生命力をも兼ね備えている、非常に強力な存在であったようだ。

　ペルーダは敵に回せば強力無比な存在だが、人間を積極的に襲うことはなかったため、恐れられてはいたものの危険視はされていなかった。ところがあるときからペルーダは人肉の味を覚え、人間をさらっては食い殺す悪竜と化してしまったため、人間の若者に、唯一の弱点である尻尾を切り落とされて倒された。その死体には防腐処置が施され、若者の偉業を称えるべく大切に保管されたといわれている。

　なお、伝説によれば、ペルーダはキリスト教の聖典『旧約聖書』で、全世界が洪水に飲み込まれる「ノアの方舟」のエピソードより昔から生きていたという、非常に長命なドラゴンだ。ノアの方舟の物語では、世界中のあらゆる動物のつがいが一組ずつ方舟に乗せられ、それ以外の生物は全滅してしまうのだが、ペルーダはこの破滅的な洪水に耐えて生き残るという、驚異的な生命力を持っていた。

この若者がペルーダ退治を決意したのは、恋人が食べ物としてペルーダにさらわれちゃったからなんですって。やっぱり愛は勝つのね！　私もほかのドラゴンにさらわれて、ジークに救い出されてみたいわ〜♥

七福神の紅一点は龍だった?
弁才天
べんざいてん

出身：日本　大きさ：不明

女神が龍へ華麗に変身

　日本では七福神の1柱として知られる「弁才天」は、一般的には琵琶という楽器を弾く天女の姿で描かれる女神である。だが日本の伝承や侵攻において、弁才天は白い蛇や白い龍の姿をとって人間の前にあらわれることがある。

　平安時代末期に武家政権の主導権を争った、源氏と平氏の戦いを描いた物語『源平盛衰記』では、平家の名のある武士が、弁才天信仰で有名な琵琶湖の「竹生島」で、源氏との戦いで必勝を祈願するために「琵琶」で弾いた楽曲を奉納したとき、弁才天が白龍の姿で武士の衣服の袖にあらわれたという。ちなみにこの「竹生島」には、現代でも"日本三大弁才天"として知られる竹生島神社があり、弁才天が使わすメッセンジャーである白い蛇の像などが飾られている。

　弁才天が龍の姿で出現する理由は、この女神のルーツにまでさかのぼる。そもそも弁才天の原型は、インド神話に登場する女神「サラスヴァティ」である。彼女は4本の腕を生やし、手に琵琶のような楽器を持っている。サラスヴァティとは「水」という意味の名前であり、川や水の女神として、さらに派生して音楽、言葉、知恵の女神としても信仰を集めた。この女神が仏教とともに中国に渡ると、音楽や知恵など「才能を与える女神」という役目が注目され、「弁才天」と漢字訳された。

　弁才天が中国から日本に伝わると、弁才天の「水の女神」という要素が注目された。実は日本では、水神を龍神だと考える傾向がある。そのため日本人は、水と川の神である弁才天は蛇や龍の姿をとると理解するようになったのだ。

　ちなみに『源平盛衰記』で、弁才天が白龍の姿であらわれたことについて、アジアの龍の研究書《図説龍の歴史大事典》に面白い推測がされている。平安時代の源氏と平氏は、源氏が白、平氏が赤を、一族のシンボルカラーとして使用していた。つまり弁才天は源氏の色である「白」の体色であらわれることで、源氏の勝利を予言。その予言のとおり源氏が勝利したのだという説である。

たぶん、漢字での書き方は「弁財天」のほうが有名だよね。でも「財」の字が使われるようになったのは、七福神に入ってからの話。もともとは知恵と才能の神様だから「弁才天」だったんだよ～。

ドラゴン界の出世魚
ボラ／クルシェドラ

欧文表記：Bolla/Kulshedra　出身：アルバニア
大きさ：水車の水受けに巻きつける程度

人間たちから水を奪う邪悪なドラゴン

　東ヨーロッパの一国であるアルバニア南部には、ボラというドラゴンの伝承がある。このドラゴンは、生後しばらくはボラと呼ばれ、成長後はクルシェドラと呼ばれるという、成長するたびに呼び名が変わる「出世魚」のようなドラゴンだ。

　ボラは蛇の姿、または4本の足と小さな翼を持つドラゴンで、地域によってはブラーという名前でも呼ばれている。人間を獲物とする捕食性の生物なのだが、ボラは1年のほとんどを眠って過ごしている。このドラゴンが目を覚ますのは、ドラゴン殺しの聖人、聖ゲオルギウス（➡p74）の祭日である4月23日のみであり、この日にボラに見つかった人間は食い殺されてしまうのだ。

　ボラが生まれてから12年たつと、翼が大きくなり、首の数が7～12本に、舌の本数は9本に増え、炎を吐く力を手に入れる。このように成長したボラは「クルシェドラ」と呼ばれる。クルシェドラの棲み家は地下の湖、沼、山の洞窟などで、伝承によっては水車場に棲みつくこともある。

　また、クルシェドラはドラゴンの姿以外にも、垂れ下がった醜い乳房を持つ恐ろしい老婆の姿に変身することがある。このためアルバニアの人々はクルシェドラを「悪意を持った女の水の悪魔」と呼んでいた。水の悪魔という異名で呼ばれるのにふさわしく、クルシェドラの尿には毒性があり、尿によって水場を汚染させたり、不思議な力で水を干上がらせる。こうして人間を苦しめておいてから、クルシェドラは「人間に水を与える代わりに、毎日ひとりの乙女を人身御供に要求する」のだ。これを知っているアルバニアの先住民は、クルシェドラを遠ざけるために、教会の鐘やフライパンなど、金属製の物体を打ち鳴らす習慣があるという。

　クルシェドラを倒すことができるのは、唯一「ドラゴニ」という存在だけだ。彼らは生まれつき肌着を着ていたり、脇の下に羽根をつけて生まれてくる人間で、彼らは普段はふつうの人間と同じように暮らしているが、嵐になるとクルシェドラと戦うのだという。

日本には「ボラ」って出世魚もいるんだね！　日本の関東だとオボコ ➡ イナッコ ➡ スバシリ ➡ イナ ➡ ボラ ➡ トドって感じ。この「トド」って、もう成長しないから、「とどのつまり」っていう言い回しの元になったらしいよ！

古代文明の神は最古のドラゴン
ムシュフシュ

欧文表記：Mušḫuššu　出身：シュメール地方（イラク）
大きさ：不明

戦いを生きのび神となった怪物

　今からおよそ4000年前に成立した、世界4大文明のひとつ「メソポタミア文明」で作られた「バビロニア神話」には「ムシュフシュ」という、おそらくもっとも古い時代に生まれたであろうドラゴンの伝承が残されている。

　ムシュフシュと言う名前は、この神話が生まれたシュメール地方の言葉で「獰猛な赤い蛇」「恐ろしい蛇」というような意味である。それ以外には「シルシュ」という発音で呼ばれることもあるようだ。

　ムシュフシュの外見は、さまざまな生物が合体したような姿になっている。頭と胴体、尻尾は蛇そのものだが、前足はライオンの足、うしろ足はワシの足に似ており、目の上には2本の角が生えている、という異様なものだ。

　バビロニア神話の天地創造神話『エヌマ・エリシュ』によれば、大地も天空も存在しなかった昔、世界には男神アプスーと、その妻ティアマト（➡p186）だけが存在していた。この夫婦はたくさんの神を生み出したが、親子仲は最悪であり、しかも子供たちの暴走で父親のアプスーが殺されてしまう。怒り狂った母親ティアマトは、復讐のために11種類の怪物を生み出した。ムシュフシュは、この怪物たちの1体として生まれたのだ。そしてこのあとアプスーを殺した神々と、ティアマトと彼女が生み出した11体の怪物による壮絶な戦いが始まった。しかし、神々のひとり「マルドゥク」がティアマトを倒したことで、ティアマトの軍は総崩れになった。このとき、ムシュフシュもマルドゥクたちに降伏している。

　マルドゥクに降伏したあとのムシュフシュは、バビロニアの最高神となったマルドゥクや、多産や知恵の神「ニンギシュジダ」に仕える神聖な獣と考えられるようになる。またムシュフシュには魔除けの力があると信じられており、神殿などの入り口には、しばしばムシュフシュの像が置かれていた。ムシュフシュははじめに神話の怪物として登場したが、時間とともに崇拝される存在にまで登り詰めたのだ。

メソポタミアではね、偉大な神様につきしたがう生物のことを「随獣」っていうの。ムシュフシュはマルドゥクの随獣になったことですごい人気になって、あちこちに絵を描かれたみたいよ。

欧文表記：Melusine　出身：フランス　大きさ：人間と同じ程度

女の幸せを求めた竜女

　ヨーロッパの竜人伝説といえば、ルーマニアなどの東ヨーロッパの国が本場だが、西ヨーロッパにも竜人の伝承がある。フランス西部のポワティエ地方やブルターニュ地方の伝承に登場する「メリュジーヌ」という女性は、上半身は人間だが腰から下が蛇で、腰もしくは背中にドラゴンのような翼が生えている竜人だ。彼女は人間と妖精のハーフとして生まれたが、呪いをかけられてドラゴンになってしまった。

　彼女は実の父親を幽閉するという蛮行の罰として「毎週土曜日に、下半身がドラゴンの翼が生えたヘビになる」「ヘビになった姿を誰かに見られたら、一生元に戻れない」などの呪いをかけられ、それまで住んでいたスコットランドを離れてフランスへと渡り、没落貴族の息子であるリュジニャンと結婚する。彼女は不思議な力で夫を援助し、一国一城の主にまで出世させた。子宝にも恵まれ、夫のリュジニャンもメリュジーヌとの「土曜には会わない、どこにいるか探すこともしない」という約束を守り、この夫婦は末永く幸せに暮らしていくかのように見えた。

　だがある日のこと、夫リュジニャンの親戚が「メリュジーヌが毎週土曜日に姿を見せないのは、不倫をしているからだ」という噂をリュジニャンに吹き込んでしまう。不安になったリュジニャンは妻の姿を探し、そして鍵の掛かった部屋の中で、竜人の姿で水浴びをしている妻を見つけてしまうのである。

　リュジニャンは、妻の正体を知ったあとも、彼女をひとりの女性として愛し続けた。だがリュジニャンは、彼らの子供が人を殺したとき、メリュジーヌが子供をかばったことに激怒して、彼女を「おぞましい蛇女」と罵倒してしまったのだ。

　絶望したメリュジーヌはその場で失神し、やがて意識を取り戻すと、子供たちに遺言を書き残し、恐ろしいうめき声をあげながら城から飛び去ってしまった。このときのメリュジーヌはこれまでの竜人の姿ではなく、全長5mの翼を持つ蛇という、完全なドラゴンの姿になっていたという。

メリュジーヌさんの子供は10人いたんですけど、そのうち8人は、体に人間とは違うパーツがついていたり、体の一部が大きすぎたりしたそうです。普段は人間の姿をしていても、やっぱり人間とは違う種族なんですね。

獣の数字 666 の由来

黙示録の赤い竜

出身：イスラエル（新約聖書『ヨハネの黙示録』）　大きさ：不明

世界のすべてを憎む悪魔の化身

　74ページでも説明したように、キリスト教を信仰する国々では、ドラゴンは「悪の象徴」だと考えられている。彼らは悪魔にたとえられるほか、場合によっては悪魔そのものである邪悪な存在であり、人間たちに対して積極的に害を与えるのだ。

　キリスト教社会で、これほどまでにドラゴンが恐れられている原因のひとつは、キリスト教の聖典である『新約聖書』に登場するドラゴンに見ることができる。一般的に「黙示録の赤い竜」と呼ばれているこのドラゴンは、キリスト教の神話における悪の権化、サタンの化身であると伝えられている。

　「黙示録の赤い竜」とは正式な名前ではなく、後世につけられた俗称だ。このドラゴンは、新約聖書に収録された、複数の書物のひとつ『ヨハネの黙示録』に登場するドラゴンである。「ヨハネの黙示録に登場する」、「赤いドラゴン」というところから、しばしば黙示録の赤い竜と呼ばれている。

　ヨハネの黙示録は、キリストの直弟子のひとり「聖ヨハネ」が、神から告げられた未来の出来事を記したという設定で書かれているもので、世界が終わりを迎えたあと、キリスト教徒が神によって救済される様子が描かれている。ヨハネの黙示録に登場する赤い竜の外見は、体が火のように赤く、冠を被った7つの頭があり、すべての頭に合計で10本の角が生えている、というものだ。これに加えて後世に書かれた多くの絵画では、この竜はコウモリのような翼を生やした姿で描かれている。

　このドラゴンは悪魔の首領サタンの化身ともされる偉大な敵役だが、彼がどのような力を持っているかを説明する描写はほとんどない。わずかに、口から大量の水を吐き出したり、尻尾のひと振りで天に輝く星の3分の1をたたき落としたり、口から悪い霊魂を呼び出した、という記述が見られる程度である。

『ヨハネの黙示録』のドラゴンの記述

　黙示録の赤い竜は『ヨハネの黙示録』の中盤、22章中の12章目にはじめて登場し、キリスト教の信者や天使たちに対してさまざまな妨害行為をしかけてくる。

　まず竜は、星の冠を被った妊婦から生まれる子供を食べようとたくらむ。なぜなら

この子供は、鉄の杖を持ち、すべての国々の民を治める運命にあるからだ。言うまでもなく、この子供とはキリスト教の救世主、イエス・キリストのことである。だが生まれた男の子は、即座に神の元へと引き上げられたため、赤い竜の計画は失敗してしまう。次にドラゴンは大量の水を吐き出して、子供の母親である星の冠の女性を殺そうとするが、彼女は神の作った避難所に匿われ、この悪巧みも成功しなかった。この後、黙示録の赤い竜は天界で、大天使「ミカエル」が率いる天使の軍団に敗れ、地上へと投げ落とされている。

海から出現した獣に力と権威を授けるドラゴン。中世ヨーロッパのタペストリーより。

　敗北し地へ落とされたドラゴンであったが、その執念が衰えることはなかった。星の冠の女性を取り逃がしていたことを知ったドラゴンは、彼女の子供たちの残りすべて、つまり世界中の人間と敵対することを誓ったのだ。

　ドラゴンは、新しく海から出現した1体の獣に、自分の力と権威を授ける。この獣は10本の角と7つの頭、熊の足と獅子の口を持つ「黙示録の獣」と呼ばれる存在だ。獣の数字666、転じて悪魔の数字は、この黙示録の獣が由来である。

　ドラゴンと黙示録の獣は地上を支配し、人間たちに自分を崇拝させた。しかしこれに怒った神は、獣とその信奉者たちに罰を下した。獣は滅ぼされ、ドラゴンは1000年間封印されることになった。しかし期限の1000年が過ぎると、黙示録の赤い竜は解放され、ふたたび地上に悪徳を広めて回ると予言されている。

赤い竜の頭が7つである理由

　黙示録の赤い竜が登場する『ヨハネの黙示録』は、イエスの死から70〜100年後、1世紀の後半に成立したと考えられている。このころのキリスト教はヨーロッパに進出をはじめたが、ヨーロッパやイスラエルを支配するローマ帝国に迫害を受け、墓地の地下などで秘密結社のようにひっそりと活動していた。

　黙示録の赤い竜は7つの頭に10本の角を持つが、この外見はローマ帝国と密接に関係しているらしい。実は赤い竜の7つの頭は、ローマ帝国を支配してきた7人の皇帝を意味している、というのだ。そして10本の角は、西暦68年にローマ帝国で内乱が起きたときに乱立した11人の皇帝のうち、正当な皇帝となったガルバ帝をのぞく10人をあらわしているのだという。

　キリスト教徒はローマ帝国の支配を嫌っていたが、おおっぴらに帝国を批判すれば、ただでさえ苛烈な自分たちへの迫害が加速することは間違いない。彼らは支配者への批判をドラゴンの姿に封じ込め、聖典として語り継いだのである。

> キリスト教徒がドラゴンを目のカタキにしているのは、『聖書』に出てくるドラゴンの正体が悪魔だって考えてるからね。くわしく知りたいなら160ページを読んでみるといいわよ〜。

illustrated by 東上文

落とした女は手駒のひとつ
勇士ペトレアのズメウ

欧文表記：Zmey din Petrea Viteazul　出身：ルーマニア
大きさ：人間と同等

頭脳で勝負の美形ドラゴン

　東ヨーロッパの民族「スラヴ人」が語り継ぐ竜人「ズメウ」は、肉体派の怪物である。姑息で卑怯な悪役、人間と協力する善良な者、男らしい堂々たる悪役などさまざまな描かれ方をするが、どの伝承でも体表に硬い鱗を持ち、一騎当千の戦闘能力を持っていることがほとんどだ。

　東欧の国ルーマニアの民話『勇士ペトレアとイレアナ』に登場するズメウは、その数少ない例外である。このズメウは腕力が弱く、皮膚には鱗でおおわれた部分が少ない。むしろ彼はずる賢い策略家で、そして人間から見ても目を見張るほどの美男子であるなど、ふつうのズメウとは正反対の性質を持っている。

　物語の主人公である若き勇士ペトレアは、7隊のズメウが棲み着く館に乗り込み、7人の竜人のうち6人を殺してこの館を手に入れた。だが最後のひとりだけは、見た目があまりに美しすぎるために殺す気になれず、城内に軟禁することになった。これがこのズメウの物語のはじまりなのである、

　ズメウはその美貌でペトレアの母親を籠絡してズメウに夢中になるように仕向け、ふたりの間を引き裂くであろうペトレアを排除するという理屈で、ペトレアの母を手先に、次々と罠を繰り出していくのである。

　ふたりの謀略はペトレアの武勇によって次々と破られてしまうが、最後に仕掛けた「力試しと称して、絶対に切れない糸をペトレアの手首に巻いて引っ張らせ、自身の力で両手首を切り落とさせる」という策が成功。ズメウは両手を失ったペトレアを切り刻んで殺してしまった。そして死体を袋に入れ、馬に乗せてどこかへ追いやったのだが、その死体はペトレアの想い人に見つけられ、彼女の行った蘇生の儀式により蘇った。そしてズメウはペトレアによってバラバラに切り刻まれ、母親は命こそ奪われなかったものの、神から視力を失う天罰を受けた。狡猾（こうかつ）なズメウを討ち滅ぼしたペトレアは、想い人とともに末永く幸せに暮らしたという。

　ズメウって普通は脳までマッチョなやつらでね、やたら一騎打ちしたがるし、無礼は1回だけは許して器の大きさを見せつけようとするし……正直この子はズメウのなかでも相当な変わり者よ。

出身：日高地方（北海道）　大きさ：体当たりで木を倒せる程度

悪臭で焼き殺す迷惑な飛竜

　豊臣秀吉の命によって、北海道への日本人の移住が本格的に行われた16世紀後半ごろまで、北海道は「アイヌ」という先住民族の住む地であった。彼らアイヌは独自の文化を持っていたが、それらは日本や中国の文化の影響も受けていたらしく、アイヌの伝説に登場するドラゴンは中国のような、蛇の身体に龍の頭を持っているものが多い。ただしこの「ラプシヌプルクル」というドラゴンは、翼の生えた蛇、すなわち「飛竜」の姿をしているという珍しい存在だ。

　翼の生えた蛇の外見を持つドラゴンの伝承は、ヨーロッパやアフリカ、アメリカ大陸などでよく見られるが、このラプシヌプルクルの外見には、これらの飛竜とは決定的に異なる特徴が見られる。それは胴体が「俵のようだ」と例えられるほどに太く短いことだ。この太く短い胴体から、細い尻尾と頭が生えていて、頭の形は木を削る道具「ノミ」のようにとがっている。頭が小さいことを除けば、1970年台に一大ムーブメントを引き起こしたUMA「ツチノコ」によく似ている。また身体の色は淡い黒色だが、目と口の周りだけは赤い色をしているという。

　ラプシヌプルクルは、全身からすさまじい悪臭を放っている。そのためラプシヌプルクルに近づいた生き物はあまりの臭さに焼け死んでしまうという。たとえ近づかなくとも、このドラゴンが通った跡を歩くだけでも、皮膚が腫れる、全身の毛が抜け落ちるなどの被害を受けるというのだ。この特徴は火山から噴き出す、硫黄分を含んだ「火山ガス」に関連があるという。

　ラプシヌプルクルの弱点は、北海道に棲む生物であるにもかかわらず寒さが苦手で、冬になると体を自由に動かせなくなってしまうことだ。そのためラプシヌプルクルは、近くにいる人間に対して「火を炊け」と要求し、焚き火に当たろうとする。なお、このときラプシヌプルクルの特徴である、焼け死ぬほどの悪臭がどうなっているのかは明記されていない。

> ラプシヌプルクルっていう名前は、「羽の生えた魔力ある神」って意味らしいでち。ちなみにホヤウカムイっていう別名もあって、こっちの意味は「蛇の神」……そのまんまでちー!?

ドラゴン王子の嫁取り物語
リントヴルム

欧文表記：Lindwurm　出身：スウェーデン
大きさ：ベッドの下にもぐり込める程度

優しさと重ねた蛇の組みあわせ

　リントヴルムという言葉は、ドイツ語でドラゴンそのものをさす言葉だ。この単語は、優しさを意味する「lind」に、ヘビや虫を意味する「wurm」が組みあわさってできたものだが、「lind」は古いドイツ語で虫や蛇をあらわす「lint」から来ており、蛇を意味する単語を重ねた二重表現だという説もある。また、別名として「リンドワーム」「リンドオルム」「レンオルム」などという呼び方もある。

　ただ単に「リントヴルム」と言う場合、この言葉には2種類の意味がある。ひとつは上にあるように、ドラゴンを意味する一般名詞である「リントヴルム」。もうひとつは北欧の民話の主人公で、竜王と呼ばれた人物「リントヴルム王子」だ。まずは一般的な意味のリントヴルムから紹介していこう。

　リントヴルムはドラゴン一般をあらわす言葉だけあって、個体ごとに特徴が大きく違う。「Lindwurm」という単語のなかに蛇を意味する単語がふたつも入っていることから、蛇の姿が基本に思えるが、そうとは限らない。ある伝承では「ワニのような口に鋭い牙、背中にコウモリの翼、矢のようにとがった尻尾」という姿であり、別の伝承では「馬に似た頭に、燃える赤い目を持つ巨大な蛇」という具合だ。

呪術の失敗で生まれたドラゴン王子

　ドイツの北にある北欧の国「スウェーデン」には、リントヴルムの伝承でもっとも有名な物語が残されている。その知名度は先述のとおり、単に「リントヴルム」と言えば、この話の主人公を指すほどだ。この物語は、国王の息子として命を授かりながら、醜いリントヴルムの姿で生まれてしまった、異形の王子の物語である。

　物語はある国の王妃が、子供を授からず悩んでいるところから始まる。あるとき王妃は、小人のように小さな女性から子供を授かる方法を教わったのだが、その方法は「庭の隅に咲いているバラの花を食べる」という、非常に簡単なものであった。その女性によれば、男の子が欲しいなら赤いバラを、女の子が欲しいなら白いバラを、どちらか片方だけ食べればよいという。

　王妃は助言どおりにバラの花を食べるのだが、花があまりにおいしいので、言いつ

けを破って赤と白の両方のバラを食べてしまう。すると王妃はほどなくして妊娠したのだが、生まれてきたのは醜く巨大なリントヴルムであった。

　リントヴルム王子は生まれてからというもの、いつも王妃のベッドの下で寝そべっていた。そしてあるとき王子は「今すぐ自分の妻を用意しなければ、あなたを丸呑みにする」と、父である国王をおどし、嫁候補を集めさせた。王子はその中からひとりの女性を選んだが、その女性に求婚を拒絶されたため、腹いせに彼女を食べてしまったのだ。その後も恐ろしい竜を愛せる女性はあらわれず、同じことが何度も繰り返され、嫁探しはどんどん難しくなっていった。

　次に目をつけられたのは、美しい羊飼いの娘だった。すでに民衆は王の息子が竜だと知っていたので、羊飼いの娘も死を覚悟していた。ところが王の館に向かう途中、娘は謎の老女と出会う。この老女から竜を元の姿に戻すまじないを教わった羊飼いの娘は、それによって竜の王子を人間の姿に戻してみせたのだ。

　羊飼いの娘が竜を人間に戻したまじないの手順は、以下のように伝わっている。

- あらかじめ服を7枚重ね着しておく
- 竜が「脱げよ、皮」と言ってきたら、自分も「脱げよ、皮」と言う。これを7回繰り返すことで、竜を7回脱皮させる
- 皮がなくなった竜を、木の枝で力の続く限り叩き続ける
- 竜を塩水の入った桶に入れた後、ミルクの入った桶に入れる
- 最後に亜麻布で竜を包み、ベッドに一晩寝かせる

　老女の助言を羊飼いの娘が実践したおかげで人間に戻ったリントヴルム王子は、王位を継いで「竜王」と呼ばれるようになった。ふたりは何度かの苦難を乗り越えて、幸せに暮らしたと伝えられている。

イギリスの"リントヴルム"、ワイヴァーン

　リントヴルムのように、2本の足と皮膜の翼をもつ飛竜のことを、イギリスでは「ワイヴァーン」と呼ぶことがある。実はこのワイヴァーンは、神話や伝承のなかから自然に生まれてきた飛竜ではなく、貴族や騎士が自分の紋章に使うために生み出した、物語を持たないドラゴンなのである。

　イギリスでは、家の紋章などにドラゴンを描くことは、王家など一部の高位貴族にしか認められていなかった。そこでドラゴンの使用を認められていない下級貴族たちは、ドラゴンよりも足の本数が少なく、尻尾が尖った新しい竜「ワイヴァーン」を作りだし、自分たちの紋章に利用したのである。

典型的なワイヴァーンの外見。紋章に描かれたワイヴァーンは「敵意」「嫉妬」「戦争」のシンボルであり、敵を威嚇する意味で騎士の盾などに描かれた。

ドイツでは、流れ星とか雷さまの正体は、リントヴルムさんだって信じられていたそうです。なんだか、イギリスの「ファイアードレイク」さんとよく似てますね。

聖人のドラゴン退治

74 ページでちょっと聞いた『黄金伝説』っていう本には、ドラゴンを倒した聖人さんがいっぱいいるらしいでち。いったいどんなふうに倒すんでちかね？

聖マタイのドラゴン退治

　ドラゴン退治をなしとげた聖人のなかでも、聖マタイは最大級の大物である。聖マタイはイエス・キリストの直弟子である「十二使徒」のひとりなのだ。
　『黄金伝説』134 章によれば、マタイはイエスの死後、アフリカ東部のエチオピアで、炎を吐く 2 体のドラゴンをあやつって人や家屋を焼かせている邪悪な魔術師と出会った。マタイは十字を切ってドラゴンを眠らせると、目を醒まさせ、ここから立ち去るように命じた。すると 2 体のドラゴンは、嫌がる魔術師を連れて砂漠に去っていったという。

聖シルウェステルのドラゴン退治

　『黄金伝説』12 章でドラゴン退治の逸話が語られている聖シルウェステルは、4 世紀初頭に 33 代目のローマ教皇をつとめた人物である。
　あるところに洞窟に棲むドラゴンと、それを崇める神官がおり、人々を毒で病に冒したうえで、ドラゴンを崇めれば病が治ると人々をそそのかしていた。
　聖シルウェステルが洞窟に乗り込んで神に祈りを捧げると、初代ローマ教皇ペテロが降臨してドラゴン退治の方法を教えた。シルウェステルはペテロの言いつけどおり、ドラゴンの口をリボンで縛り、洞窟の入り口を十字架が描かれた印章で封印し、人々を毒の病から救ったという。

聖マルガレータのドラゴン退治

　聖マルガレータは、巨大なドラゴンの体内から生還した女性である。彼女はトルコ生まれで、父親は異教の聖職者だったが、彼女はキリスト教を信仰していた。
　彼女はその美しさから、当時トルコを統治していたローマ帝国の総督に求婚されるが、同時に「キリスト教を捨てること」も要求されたため結婚を拒否。怒った総督はマルガレータに拷問をくわえ、地下の牢獄に閉じ込めてしまう。
　地下の牢獄にはなんとドラゴンが棲み着いており、マルガレータを生きたまま飲み込んでしまう。しかしマルガレータが神に祈りを捧げると、彼女の体はどんどん大きくなり、ついにドラゴンの腹を破って無傷で脱出したのである。
　なお、聖マルガレータのドラゴン退治は『黄金伝説』にもあるが、こちらはマルガレータが神に祈るとドラゴンが消えるという、違った展開になっている。

悟りを開いて性転換!!
龍女(りゅうにょ)

出身：中国、日本　サイズ：人間大／不明

人間の姿をとった龍神の娘

　龍女とは、「龍神の娘」のことである。有名なところでは、民話『浦島太郎』の乙姫(おとひめ)が典型的な龍女の一例といえる。彼女の外見は一般的な中国発祥の龍と同じだが、龍は変身能力を持っているため、人間女性と同じ外見を取る場合もある。彼女たちは多くの場合、人間の姿に変身してほかの龍に乗った姿や、海の泡や雲のようなものに乗った娘の姿で描かれる。

　龍女の伝説は中国や日本に多いが、なかでも仏教の宗派のひとつである日蓮宗(にちれんしゅう)にまつわる伝説には多くの龍女が登場する。そのなかで特に重要なものが、数ある仏教の経典のなかで、日蓮宗がもっとも重要な経典だと位置づけているインド渡来の教典『妙法蓮華経(みょうほうれんげきょう)』、通称『法華経(ほけきょう)』に見られる。

　日蓮宗では、『妙法蓮華経』の教えに従えば、生きながらにして仏になる「即身成仏(そくしんじょうぶつ)」すら可能であると教えている。『妙法蓮華経』に収録された説話によると、ふたりの菩薩(ぼさつ)が生き物の成仏について議論するなかで、八大龍王（➡p90）のひとりである娑伽羅龍王(しゃがらりゅうおう)の娘「善女龍王(ぜんにょりゅうおう)」が、生きながらにして仏になる「即身成仏(そくしんじょうぶつ)」をなしとげた実例が語られる。善女龍王は、菩薩に対して「自分はほんの一瞬で成仏するでしょう」と予告し、一瞬にして人間の男子に変わり、すぐに成仏して仏になった。仏教の究極的目標である成仏を一瞬でなしとげたのは「法華経」の教えにしたがったおかげだと説明するのがこの節の内容である。

　古い仏教は「上座部仏教(じょうざぶ)」といい、悟りを開いて仏になれるのは成人男性のみだと定められていた。つまり子供、女性、人間以外の動物は仏になれないので、修行を積んで来世で人間男性に生まれ変わってから、あらためて仏を目指すことになる。だが『妙法蓮華経』は「大乗仏教(だいじょう)」であり、修行さえすれば誰でも、生きながらにして仏になる（即身成仏）ことができると教えている。善女龍王の即身成仏は、子供でも女性でも動物でも、法華経の教えに従えば成仏できるというお手本なのだ。

日本の伝説に出てくる龍女ちゃんって、美人で性格がよくって信心深い子ばっかり。これはきっと『法華経』に出てくる善女龍王ちゃんの影響だねー。お嫁さんにするなら龍女はおすすめだよ♪

魔法の珠でいつでも満腹
ルナナの龍

出身：ブータン　大きさ：背中に人間が乗れる程度

夏だけ動き出す引きこもりドラゴン

　インドと中国の間にあり、ヒマラヤ山脈の一部を領土とする小国「ブータン」の北方に位置する"ルナナ地方"には、性格の温厚な龍の物語が伝わっている。

　口から火や煙を吹き出すこの龍は、季節のほとんどを地の底で過ごし、夏の間だけ地上で活動していた。龍は数回舐めるだけで満腹感を得られる宝珠を持っていたため、人間や家畜を襲わなくても生きていくことができた。そのため、近くの村人たちは、この龍に対して「暴れない限りはそっとしておこう」と決めていたという。

　このようにその習性と性格から、平穏に暮らしていたルナナの龍だが、ついに平和な生活がおびやかされる日がやってくる。龍の棲み家の近くにある村に、この龍を狙う猟師がやってきたのだ。それに対して村人たちは、龍をあきらめて帰るようにたしなめるのだが、それでも彼は龍の探索をやめなかった。そして猟師は、探索の最中に崖から落ちてしまうのだが、幸か不幸か、そこはルナナの龍の棲み家であった。

　突然落ちてきた猟師に対して、ルナナの龍は特に何もすることはなく、ただ時々宝玉をなめてはうずくまっているだけであった。猟師が落ちた崖は非常に深く、落下の途中で武器もなくしていたため、彼はひとまず龍の持つ宝玉をなめて飢えをしのぎ、救助を待っていた。ひとりと1匹の奇妙な同居生活はしばらく続いていたのだが、猟師はふと「龍の宝玉の力で脱出できるのではないか」と考え、龍が握っている宝玉を奪ってしまった。すると突然爆発が起き、龍が天へ向かって飛び始めたのだ。

　猟師は龍の背中にしがみついて崖の底から生還したが、龍から奪った宝玉には不思議な力は残されておらず、誰もが猟師が龍に会ったことを信じなかったという。

4つの宝珠を持つ雷龍が描かれたブータンの国旗。中国とインドの文化の影響を強く受けたブータンは、国旗にも龍が描かれる「龍の国」なのだ。

ブータンには「龍は寒さが苦手で、冬のあいだは冬眠して、夏になると活動する」っていう言い伝えがあるらしいでち。ルナナの龍さんが夏にしか出てこないのは、この言い伝えと関係があるでちね。

龍の宝玉「如意宝珠」

みつからないでちねー如意宝珠。もしかして、僕たちが宝珠の特徴を間違えたりしてないでちか？　もういっかい宝珠についておさらいしてみるでち。

　日本や中国の龍は、丸い宝玉のようなものとともに描かれることがある。これは「如意宝珠」といって、仏教の教えに由来するアイテムである。
　如意宝珠は"如意"つまりそう考えるだけで、自在に宝物を生み出す力がある。これは仏や観音などの神仏が「仏の教えを体現する者の証」として持っているものだ。仏教では、龍は仏の教えを守る生物だと考えており、それゆえ龍もこの如意宝珠を持っているというわけだ。
　ルナナの龍（→p142）の物語に登場した宝玉も、この如意宝珠だと思われる。如意宝珠には、前述した宝を生み出す力のほかに、ルナナの龍の物語で描かれた「なめるだけで満腹になる」能力や、持ち主や毒や火で傷つかなくなる、水に溺れなくなるなどの力があるという。如意宝珠は龍の脳、島より大きな巨大魚、仏教の開祖ブッダの遺骨などから生まれるという、非常に貴重なものである。

「如意宝珠」の元になったふたつの珠

　如意宝珠は仏教の教えとして生まれたものであり、仏教誕生の地であるインドでは、ヒンドゥー語で「チンタマーニ」と呼ばれる。このチンタマーニの伝説は、アジア南方の海洋民族の伝承から作られたという説がある。
　その海洋民族は、古くから龍や蛇のことを海の神と考えていた。この海神は「満」と「干」の2種類の宝玉を使い、潮の満ち引きを生み出すのだという。
　この宝珠がインドで仏教に取り入れられ、チンタマーニ（如意宝珠）に変わったという説なのだが……実はこの「満」と「干」の宝珠の話は、日本最古の歴史書『古事記』『日本書紀』にも登場しているのだ。86ページで紹介したトヨタマビメが登場する『山幸彦と海幸彦』の神話では、主人公の山幸彦が、彼を攻撃する兄を溺れさせたり田んぼを干上がらせて懲らしめるために、海神から授かった2種類の宝珠を使っているのである。

やっぱり間違ってないよねえ、ルナナの龍さんが持ってる如意宝珠とそっくりだったし。しかしここまで見つからないとはねー。
ここまで何人のドラゴンに聞き込みしたんだっけ？

ぜんぶで55組でち。
ほかに宝珠をもっていそうなドラゴンさんっていないでちかね？
ちょっとファフニールさんに聞いてみるでちよ。

ドラゴン百科事典

ドラゴンの、ドラゴンによる、ドラゴンのための!!!
ドラゴン百科事典……146
世界のドラゴンMAP……148
人類はなぜドラゴンを作ったか？
―同時多発的発生のナゾに迫る―……150
西洋のドラゴン……153
東洋のドラゴン……161
蛇と龍の小事典……175
ドラゴン小事典……176
世界蛇の小事典……184
コラム「その後のドラゴン」……193

> あちこち回って疲れちゃったよ～。
> 休憩しよ、休憩！
> 働いたら休まないとだよ～。

> うーん、世界のドラゴンさんに
> たくさん聞いてきたのに、
> 誰も如意宝珠のことを
> 知らなかったでちねー。
> いったいどこにあるんでちか？

ドラゴンの、ドラゴンによる、ドラゴンのための!!! ドラゴン百科事典

つーかーれーたー！
これだけ世界中めぐって全部空振りとか、ないよー。
あーもう歩くのも飛ぶのもやだ〜。

みなさん、そろそろ休憩にするでちよ。
それにしても、世界にはりっぱなドラゴンがたくさんいるでちね。
僕が将来「龍」に昇格したら、あのくらいりっぱになれるでちか？

……うん？「龍に昇格する」って、どういうこと？

えっ、ヨーロッパだとちがうの？
中国だとわりとジョーシキなんだけどなあ、龍の昇格って。

中国の龍は「成長、昇格」する！

みずちーは、もう1段階昇格すれば「龍」になれるよ！

　中国の龍は、水棲の蛇「ミズチ」が長い年月を生きた結果、生物としての格が上がった存在です。龍がさらに成長し昇格すると、応龍のような高位の龍になります。

っていうわけなのよ……あ、そうだ。みずちー、せっかくヨーロッパのすごいドラゴンとお話できるチャンスなんだから、将来のためにドラゴンの世界を聞いておきなさい。わたしも楽できるし。

ほんとあなた面倒くさがりねえ……。
ま、休憩のあいだみずちーちゃんにお話するくらいならお安い御用よ。
なんでも聞いてちょうだい？

わぁ、すっごく助かるでち！
ファフニールさん、ぜひよろしくおねがいするでち！

4つのテーマで"ドラゴン"を解説!

でも、ドラゴンの世界っていっても、今回会った人たちだけでもいっぱいいすぎてよくわからないでち。
どんなことを教えてもらえるでちか?

ドラゴンの基礎知識

みずちーはドラゴンについてどのくらい知ってる? とりあえず、まずはドラゴンについての基本中の基本からはじめよっか!

148ページ

西洋のドラゴン

それじゃあ私は、ヨーロッパにいるドラゴンについてお話するわ~。得意技とか弱点なんかも……言いふらしちゃ嫌よ?

153ページ

東洋のドラゴン

中国のドラゴンだって、ヨーロッパに負けないでち! ついでに日本のドラゴンのことも教えてもらうでち!

161ページ

蛇と龍の小事典

ドラゴンってたくさんいるんですよ。いろんなドラゴンとか大きな蛇さんとか、とにかくたっぷり紹介しますね!

175ページ

それじゃあ148ページから、さっそく行っくよ~!

ここのドラゴンはどんなドラゴン？
世界のドラゴンMAP

ゲルマン・北欧のドラゴン

呼称：ドラッヘ、リントヴルム

蛇に近い外見をもつリントヴルム系と、ワニと猛禽類を組みあわせたような外見のドラッヘ系に分かれます。毒だけでなく炎を吐くドラゴンが多いのが、ゲルマンや北欧の特徴です。

イギリスのドラゴン

呼称：ドラゴン、ワームなど

イギリスの伝承に登場するドラゴンは、おおむね2種類に分かれます。4つ足で有翼の「ドラゴン」系と、蛇型の胴体で長いとぐろを巻き、再生能力を持つ「ワーム」系です。

スペインのドラゴン

呼称：ドラゴン、ドラ、エレンスゲ、クエレブレ

地方色豊かで、地方ごとにドラゴンを意味する固有の単語があります。外見的には、4つ足のドラゴンよりも、蛇型の胴体と翼を持つ飛竜タイプのドラゴンが多いのが特徴です。

フランスのドラゴン

呼称：ドラゴ、サーポン、モンストゥ

ドラゴンをあらわす単語は複数ありますが、外見による区別はなく言い換えが可能です。フランスでは地方神が怪物化したドラゴンが多く、独特の外見を持つものが多いようです。

ギリシャのドラゴン

呼称：ドラコ

ギリシャの神話には巨大な蛇、複数の頭を持つ蛇などが多数登場し「ドラコ」と呼ばれています。ただし「ドラコ」は基本的に手足や翼がないため、本書の基準（→p10～16）でドラゴンに分類されるものはほぼ存在しません。

ドラゴンの伝承は世界中にあるけど、場所ごとに能力も生態も名前もバラバラなんだ。どんなにバラバラなのか、このマップを見てみてよ。

スラヴのドラゴン

呼称：ズメウ、ズメイなど

東欧の民族「スラヴ人」は、ドラゴンと竜人の双方を区別なく「ズメイ」「ズメウ」などと呼びます。西欧と比べて信仰の力で敗れる竜が少なく、人間に友好的な者も多いのが特徴です。

アメリカ大陸のドラゴン

呼称：なし

ドラゴンはユーラシア大陸で発展した文化であり、南北アメリカにはドラゴンと呼べる生物はわずかです。一部の例外をのぞき、そのほとんどは翼のある蛇、すなわち飛竜です。

中東のドラゴン

呼称：タンニーン

ヨーロッパのドラゴンは、中東で生まれた怪物を原型にしています。ですがヨーロッパと違い、中東の伝承に登場するドラゴンの外見は個体差が大きく、あまり統一感がありません。

東洋のドラゴン

呼称：龍

中国を中心に、日本、モンゴル、東南アジアなどの漢字文化圏には、蛇の様な長い体に9種類の動物の特徴をそなえた、同じような姿の「龍」の伝承が現存しています。

人類はなぜドラゴンを作ったか？
―同時多発的発生のナゾに迫る！―

ドラゴンって世界中にいるんでちね。でも、こんなにたくさんいたドラゴンが、現代だとほとんどいないのはなんでなんでちか？　絶滅しちゃったでちか？

絶滅したっていうか、わたしたちドラゴンはもともと架空の生物だからね〜。現実世界にはいないのよ。あくまで人間が空想のなかで作りあげたものだから。

しっかしまー、なんでそんなイキモノ作ったのかね〜、人間たちは。

ドラゴンの起源は1ケ所か？　複数か？

本書が「ドラゴン」と呼ぶ怪物の伝承は世界中に残っています。遠く離れ、ほとんど交流がなかったはずの世界の古代文明が、似たような姿と能力を持つ怪物を語り継いでいる理由について、ふたつの見方があります。ドラゴンは特定地域で生まれて世界に広まったという説と、各地の人類がたまたま似たような怪物を創造したという説です。

個別発生説

世界中の民族が、地球上に広く分布する爬虫類を神格化、怪物化した結果、似たような外見の怪物が、たまたま同時多発的に生まれたのだという説です。

どっちが正しい!?

中央アジア起源説

文学博士の笹間良彦（ささま よしひこ）が提唱している説で、アフリカから中央アジアに移住した古代の人類がドラゴンを生み出し、それが世界に広がったのではないかという説です。

どちらかというと「個別発生説」のほうが正しいって考えている人が多いそうです。でも、中央アジアってところでできたドラゴンが、世界中に広まったというのも夢がありますね、ママ。

ドラゴンが生み出された2つの理由

ドラゴンの起源が中央アジアでも、世界で同時多発的に生まれたのであっても、人間がドラゴンという怪物を生み出したのには何らかの理由があるはずです。いったいなぜ、人間はこのような恐ろしい怪物を創造したのでしょうか？

現在ではふたつの理由が推測されています。

動物を"怪物化"する文化

洋の東西を問わず、人間は動物に「特別な力」があると信じ、しばしば実際に出会う動物よりも強大な、「怪物」と呼ぶべき個体がいると信じてきました。

ドラゴンはその典型的な例であり、地球上に普遍的に存在する動物「爬虫類」を、人間の目前にあらわれるものよりも巨大に、強力に想像したものです。

ドラゴンの元になった動物

蛇	世界のドラゴンを指す言葉の多くは「蛇」という意味
ワニ	旧約聖書のレヴィアタン（→ p185）などが代表例
恐竜	巨大な恐竜の化石を、ドラゴンの骨格だと想像して誕生

自然の脅威のキャラクター化

人間は、火山の噴火や地震、竜巻など自然の驚異にさらされると、その現象を引き起こしている超常的な存在を想像します。そうすることで理解不能な自然現象を受け入れ、精神を安定させようとするのです。

この「自然現象を引き起こす超常存在」として、ドラゴンが選ばれることがあります。ドラゴンが嵐や洪水を起こす力を持つのは、このあたりに理由があると考えられています。

108ページで紹介したファイアードレイクは、空を走る稲光が何なのかを説明するために生まれたドラゴンだと考えられています。

> このふたつの理由は、東洋でも西洋でも、場所の東西南北に関係なく、人間なら誰でも持ってるものよ。これを原動力にして、私たちドラゴンが生み出されたのね。

西洋と東洋のドラゴンはどう違う?

僕とファーファちゃんって、ドラゴンなんでちよね?
おんなじドラゴンなのに、ずいぶん見た目がちがうでち。

そりゃーそうだよー。
だって、みずちーは中国のドラゴンでしょ? ファーファちゃんは西洋のドラゴンだもん。
似てないのはあたりまえだよー。

　ヨーロッパで発展した「ドラゴン」と、中国で生まれ東洋に広まった「龍(ロン)」には、同様に爬虫類から生まれた怪物ということで共通点も多いのですが、外見、能力、物語上の立ち位置などには大きな違いがあります。

東西ドラゴンの共通点と相違点

—共通点—

- ●**爬虫類的な外見**
  蛇やトカゲなどの、爬虫類を元にした外見で描かれます。
- ●**飛行能力**
  多くのドラゴンと龍は、爬虫類が本来持たないはずの飛行能力を持っています。
- ●**吐息**
  炎、毒、水と種類は違いますが、口から空気以外のものを吐き出すことができます。

—相違点—

- ●**外見の統一感**
  ほとんどの龍が胴体が長い姿で描かれる東洋と比べて、西洋のドラゴンは外見の違いが大きく、統一感がありません。
- ●**善悪の属性**
  西洋でのドラゴンは悪の存在ですが、東洋の龍はむしろ神に近い存在です。
- ●**水をあやつる**
  東洋の龍の多くには、水を操る力を持ちます。これは西洋のドラゴンにはあまり見られません。

東西のドラゴンの特徴が、こんなふうに違うのは、ドラゴンを育ててきた文化が違うからなの。だからまとめて説明しようとしても混乱しちゃうわ〜。まずは西洋、次に東洋っていう順番でドラゴンのことを紹介していくから、よろしくね。

西洋ドラゴンの基礎知識
いつから"Dragon"なの?

ヨーロッパのドラゴンって、時代をたどるとだいたい4000年前くらいまでさかのぼれるんだけど、「ドラゴン」って発音の言葉時代ができたのは結構最近なのよね。まずは"Dragon"っていう言葉ができるまでを見てみましょ♪

右上から時計回りにスタート！

4 "ドラゴン"の完成！

1300年〜

フランスでは、ラテン語の「ドラコ」が「ドラゴ（dragon）」と訳され、これが13世紀ごろにフランスからイギリスに流入しました。

当時の英語ではdraca（ドラカ）と表記、発音しましたが、しだいに言葉が変化してフランス語と同じ綴りになり、英語読みでドラゴンと読まれるようになったと考えられています。

イギリス / ドイツ / フランス / ローマ / スペイン

欧州各国に拡散

神話と「ドラコーン」

3 古代ローマで"ドラコ"に

紀元前300年ごろ

イタリア半島のローマを首都とし、地中海全域を支配することになる古代ローマは、ギリシャをお手本に発展した国です。この国ではギリシャの神話を自国の言語であるラテン語に翻訳してみずからの文化とし、ギリシャのドラコーンを「ドラコ」というラテン語に訳しました。ラテン語はヨーロッパの共通語となり、「ドラコ」の存在も全欧州に広まりました。

1 最初は"タンニーン"

紀元前 2000 年ごろ

蛇やドラゴン型の怪物は世界各地にあり、べつべつの名前で呼ばれていますが、中東の古代文明「メソポタミア文明」では、これらの怪物は「タンニーン」と呼ばれていました。この名前には「ドラゴン」とはまったく関連性がありません。

旧約聖書に登場する海の怪物「レヴィアタン」や「ラハブ」も、タンニーンと呼ばれることがある。

> ギリシャの「ドラコーン」っていう言葉は、「見張る者」の意味だ、という説もあるそうです。たしかに、ギリシャ神話に出てくる蛇の怪物は、神殿とか宝物のように、大事なものの見張り役、番人をしていることが多いですね。

蛇型怪物の神話

② ギリシャ

① 中東の文明

2 ギリシャで"ドラコーン"に

紀元前 1000 年ごろ

英語の「Dragon」につながる名前は、ギリシャで生まれました。古代ギリシャでは、先進文明であるメソポタミアの神話を参考に、蛇型の怪物が活躍する神話を作りました。ギリシャではこの蛇型の怪物のことを「ドラコーン」と呼んでいたのです。この名前が時代を経て「Dragon」に変化していきます。

巨大な蛇（ドラコーン）と戦うギリシャ神話の勇者カドモス。フランス、ルーブル美術館所蔵の壺絵より。

西洋ドラゴンの基礎知識
ドラゴンの"部品"はどこから来たか？

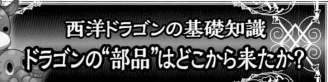

ファフニールさん、質問があるでち。
ヨーロッパのドラゴンって、もとは蛇だったんでちよね？
なんで関係ないパーツがついてるでちか？

4つの「部品」がついた理由

154ページで説明したとおり、ヨーロッパのドラゴンは、蛇の怪物が時代とともに姿を変えて成立したモンスターです。ですが一般的なドラゴンは、現実世界に存在する蛇が持っていない身体的特徴や能力を有しています。

西洋の美術史を専門とする、沖縄県立芸術大学の尾形希和子教授の研究をもとに、ドラゴンの代表的特徴が生まれた理由を考察します。

"頭"が複数ある理由：怪物の強さを示す特徴！

ドラゴンのなかには頭が2本以上生えてる子がけっこういるでしょ。現実世界でも「頭が2個ある蛇」は生まれるんだけど、現実世界の多頭の蛇は、脳が2個あるせいで燃費が悪くて、すぐ死んじゃう弱い生き物なのよね。

でも神話の世界では、ドラゴンでも神様でも、頭をたくさん持っているのは強さのしるしなの。その怪物や神様が、ものすごい力を持っていることをあらわしてるのよ。だから多頭のドラゴンに会ったら、「頭が○本もあるなんて、なんて恐ろしいんだ!!」ってリアクションしてあげてね～？

"翼"がある理由：「風をあやつる」能力の表現

だいたい4世紀……ドラゴンっていう概念が、ギリシャの蛇型怪物「ドラコ」としてヨーロッパに広まっていたころね。このころの文献に、ドラゴンには空気をかき乱し、嵐を呼ぶ力があるって書いてあるの。つまりドラゴンは風をあやつる怪物なのね。昔の人間たちは、「ドラコが風をあやつる怪物なら、翼があるべきだ」って考えたのね。おかげさまでドラゴンと風の関係が忘れられた今でも、ドラゴンなら翼があるのが当たり前ってことになってるわけよ。

"毒"を吐く理由：蛇の毒牙の過剰表現

蛇は毒を持っていることが多いですから、毒を持っているドラゴンが多いのも自然に見えますね。それに、口から毒の液をびゅーって吐く蛇もいるんですよ。だけど、よくあるドラゴンみたいに体から毒の煙が出ていたり、口から毒の煙を吐いたり、視線で毒を浴びせる蛇は現実にはいないですよね。

昔は蛇の毒がどこにあるのかなんてわからなかったから、「とにかく近づかないように」するために、おおげさに表現したのかもしれないですね。

"炎"を吐く理由：聖書の「レヴィアタン」の影響？

ドラゴンが火を吐くって設定は、『旧約聖書』に出てるレヴィアタン（→p185）って怪物が口から火を吐くから、ドラゴンの炎はそれを真似たんじゃないかって説があるわ～。まあ、それはそれで「じゃあレヴィアタンはなんで炎を吐くの？」って問題になっちゃうけど。31ページで紹介したヒュドラみたいに「毒のせいで皮膚が火傷する」なんて表現はあちこちで見られるから、皮膚がただれる毒→炎を浴びたに違いない、って連想ゲームで設定が増えた可能性はあるわね

"足"がある理由：蛇とトカゲの混同

みずちーさんは蛇とトカゲをどうやって区別しますか？ボクは「足があるかないか」で区別します。

でも昔の人間のみなさんは、足があってもなくても同じ「地を這う生き物」だと考えていて、あんまり違いを感じていなかったみたいなんです。だから蛇のモンスターを絵に描いたりするときに、本当ならないはずの足を描いちゃうことがあるんだそうです。こうやって、ただの蛇さんが、足のあるドラゴンになっちゃうんですね。

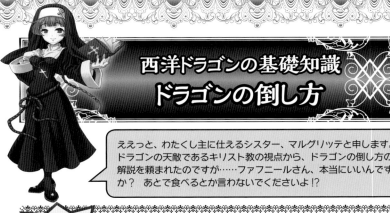

西洋ドラゴンの基礎知識
ドラゴンの倒し方

ええっと、わたくし主に仕えるシスター、マルグリッテと申します。ドラゴンの天敵であるキリスト教の視点から、ドラゴンの倒し方の解説を頼まれたのですが……ファフニールさん、本当にいいんですか? あとで食べるとか言わないでくださいよ!?

攻撃のコツ! 4つの弱点を攻めろ!

ほとんどのドラゴンの体は、硬い鱗に覆われているため、人間が振るう武器ではまともにダメージを与えることができません。ドラゴンにダメージを与えて倒すためには、ドラゴンの弱点をつく必要があります。

❶柔らかい部分を突け!

ドラゴンの硬い鱗は完璧な守りではありません。例えば腹部やノドの部分は、ほかの部分よりも鱗が柔らかいことがあり、ここに長い刃物を突き刺せば致命傷になります。

❷信仰心を誇示する

西洋のドラゴンはキリスト教における悪魔とみなされることがあるため、十字架をつきつけるなどキリス〜教への信仰心を示せば、ドラゴンは逃げたり死亡することがあります。

❸特殊なアイテムを使う!

特定のドラゴンは、タールと脂と人髪を煮込んで作ったクッキー(➡p76)、黄身のない卵(➡p42)、特定の動物など、不可解な道具を弱点としています。

❹腹の中から攻めろ!

巨大なドラゴンにわざと飲み込まれて、柔らかい内蔵を攻撃して倒すというリスクの大きい攻撃法です。ドラゴンに丸呑みにされたときの最後の手段となります。

防御のコツ！ "炎"と"毒"と"締めつけ"に注意！

　ドラゴンが吐き出す炎や毒、そして全身を使った締めつけ攻撃は、防ぐのが難しいため、あらかじめ対策を取っておかなければ危険です。これらの攻撃から身を守る方法を、民話の実例を交えながら紹介します。

毒対策！ 毒気を吸ったり毒液に触れる機会を極力減らすことが重要です。	**スコットランドの農夫ヘクターの対策**	8mの槍に、火をつけた泥炭（でいたん）（スポンジのような炭）を刺し、竜の毒気が届かない距離から口の中に押し込みました。
炎対策！ 炎の熱を一時的に防ぎ、そのあいだに武器で倒す作戦がとられます。	**イングランドの騎士バークレー卿の対策**	全身にトリモチを塗り、その上からガラスの粉を振りかけて耐熱性を獲得。なんとか相討ちに持ち込んだといいます。
締めつけ対策！ 竜の締めつける力を、そのまま相手への攻撃にするのが有効です。	**イングランドの貴族ランプトン卿の対策**	槍の穂先を無数に植えた全身鎧を着てドラゴンと戦い、体を締めつければ槍が刺さるようにしてドラゴンに勝利しました。

"ドラゴンスレイヤー"は実在するか？

　やあ、はじめまして。北欧で剣士をやってるジークフリートっていいます。111ページでファフニールと戦っていた「シグルズ」は、実はボクの別名みたいなものなんだよ！「ドラゴンスレイヤー」について聞きたいっていうことだけど……そもそもこの名前は"ドラゴンを倒す者"っていう意味で、剣のあだ名みたいなものだよ。だから本名が「ドラゴンスレイヤー」っていう剣は、神話や伝承にはないんだ。

　それから、ひとくちに「ドラゴンスレイヤー」っていっても2種類あるよね。まずは「ドラゴンに特別な効果がある剣」。これは小説やゲームでよくあるけど、神話や伝承にはそういう剣は出てこないんだ。ただ「ドラゴンを倒すために作った剣」って意味なら、この剣「グラム」がそうだね。

　もうひとつは「ドラゴンを倒した剣」もドラゴンスレイヤーって呼ばれることがあるね。こっちは神話伝説にもけっこうあるよ！　ボクのグラム以外には、74ページのゲオルギウスさんがドラゴンにとどめを刺した剣が「アスカロン」だったっていう話を聞いたことがあるな。

ドラゴンはなぜ退治されるのか?

シスターさん、ひとつ質問してもいいですか?
応龍さんたち東洋のドラゴンって、神様として尊敬されることもあるって聞いてます。なんで西洋のドラゴンは悪者なんでしょうか?

うっ、それ答えなければいけませんか……? そうですか、うう。
西洋でドラゴンが悪の象徴になっているのは、私たちヨーロッパの人々が信仰している「キリスト教」では、ドラゴンは悪魔だからなのです。

ドラゴンを悪魔にしたキリスト教社会

西洋のドラゴンが悪の存在なのは、ヨーロッパで広く信仰されるキリスト教が「ドラゴンは悪魔である」と定義したからです。新約聖書『ヨハネの黙示録』では、大天使ミカエルがドラゴンの姿をとる悪魔サタンを倒す場面があります(➡p128)。

キリスト教は、ドラゴンを布教に利用していました。異教徒が信仰する土着の神をドラゴンの姿で描き、そのドラゴンをキリスト教の「聖人」が退治する物語を広めることで、土着の神を忘れさせようとしたのです。

悪竜サタンを倒す大天使ミカエル。14世紀スペインの作品。アメリカ、メトロポリタン美術館蔵。

のちにヨーロッパで騎士たちの物語が流行すると、騎士たちが信仰心だけでなく、武勇と知恵をもってドラゴンを退治する物語が数多く作られました。こうしてドラゴンは、英雄に退治される定番の悪役となったのです。

自然の征服=ドラゴン討伐

キリスト教の影響がない地域にもドラゴン退治の神話伝承はあります。それは、ドラゴンとは自然の脅威をキャラクター化した存在だからです。人間が洪水や干ばつなどの自然の脅威を克服すると、権力者はその事実を「人間がドラゴン(自然)を倒す」という物語に変え、後世に語り継いだと考えられています。

あれ? 東洋でも龍がワルモノになることってあるんだっけ?
知らなかったなー、だって、偉大な雨の神様であるわたしが、人間からあがめられるのなんて当たり前すぎるんだもの。

そ、そうです! ですからヨーロッパだけが悪いわけじゃないんですよ!
お願いですから見逃してください〜!!

東洋のドラゴン

　ユーラシア大陸頭部、インドより東側のアジア地域では、この地域の超大国にして文化先進国『中国』で生まれた龍が、周辺各国に広まりました。そのため日本、中国、東南アジアなどの地域には、同じような外見の龍が多いのです。ここではすべての基準となった中国の龍と、わが国『日本』の龍文化を紹介します。

> 東洋のドラゴンのことなら、
> 翼持つ偉大な龍である
> このわたしにお任せなのよ。
> ちゃーんと聞くのよ？
> このわたしが授業をするなんて、
> めったにないんだから。

> よろしくお願いするでちょ？
> "飽きたから途中でポーイ"
> っていうのは
> 勘弁してほしいでち……。

東洋のドラゴン基礎知識
中国の龍

東洋の龍のことなら、龍の世界で第二位に位置する、雨の恵みを与える神で、ついでに空の王者でもあるわたしにおまかせ！ わたしに教われば中国の龍を知ることなんて、竜頭蛇尾まちがいなしってわけ！

……うん？（ひそひそ）ねえねえみずちーちゃん、ファフニールさん東洋の言葉にはくわしくないんだけどさ。竜頭蛇尾って「はじめの勢いはいいけど結局たいしたことない」って意味じゃなかったかしら……大丈夫？

応龍さんはすごい力があるし、偉い龍なんでち。
ちょっとめんどくさがりでドジだけど、優しいんでち。
……ちょっとめんどくさがりでドジでちけど。

なんと7000年！ 漢字よりも長い"龍の歴史"

中国を代表する文化のひとつ「漢字」の先祖である「甲骨文字」は、今から約3300年ほど前に作られたものです。ですが龍という概念は、それよりもはるか昔、今から7000年前には存在していたことがわかっています。中国北部、遼寧省の査海遺跡で、内側に赤い龍が描かれた土器が発掘されたのです。

7000年前の龍には手足がなく、猪や鹿のような頭部を持つ蛇の姿でしたが、漢字の原型が生まれる少し前の3500年前ごろからは、龍には手足があり、周囲には雷をあらわす装飾がほどこされるようになります。

芸術の流行により龍は徐々に細長くなっていき、今から2400年前、秦が中国を統一する前には、我々がよく知る龍とほとんど同じ姿になっていました。

今から約3500年前、中国最古の王朝「殷」の時代に作られた翡翠のリング。龍の姿に彫刻されています。

7000年！ すごいでち！ 龍はこんなに昔からいたんでちね！
中国の長い歴史を感じるでち！

"龍"という文字ができるまで

　中国の漢字は、物品や概念を説明するための絵が単純化して生まれた「象形文字」です。龍という漢字も、龍の外見を単純化して作られたものです。下には、もっとも初期の漢字である「甲骨文字」から現代の書体まで、龍を意味する文字がどのように変化したかを説明しています。

　甲骨文字の"龍"は、龍の頭部と胴体を抽象化して描いたものでした。時代とともに字体が変化すると、龍の頭部をあらわしていた部分と、胴体をあらわしていた部分が分離します。それがさらに変化して、現在われわれがよく知る「龍」という漢字になりました。龍の"偏"は頭、"旁"は背びれの生えた長い胴体なのです。

龍という漢字の変化

甲骨文字	金文	大篆	小篆	現在の書体
3000年以上前の字。龍の頭部と胴体を抽象化している。	3000～2500年前の文字。龍の頭部が甲骨文字より複雑化。	2700～2300年前の文字。龍の頭部と胴体が分離する。	2200年前の文字。中国を統一した秦の始皇帝が定めたもの。	小篆の「龍」が簡略化され、現在も使われる書体になった。

"龍"と"竜"はどう違う？

　日本には、ドラゴンをあらわす漢字が2個あるっていうじゃない？　どう違うか調べてみたんだけど、面白いわねぇ。
　「竜」っていう漢字は、日本だと「"龍"を簡略化した字体」だなんて言われてるけど、これ間違いよ。「竜」は「龍」と同じ時代か、もっと昔に中国で作られた漢字なの。頭に角をつけた蛇を文字にしたものだとか、上にある甲骨文字が別のルートで漢字化したものだって言われてるわねぇ。
　日本ではもともと「龍」のほうを使ってたんだけど、明治時代に「龍」は書きにくいから"旧字体"として廃止して、同じ意味の『竜』を"新字体"にしたわけ。竜っていう漢字が新しい漢字だと誤解されてるのは、きっとこのせいね。
　それから日本だと、ヨーロッパのドラゴンを「竜」、中国系の龍を「龍」って書き分けることがあるらしいけど、これも一部のファンタジー愛好家の習慣で、正式なものじゃないわよ～。

中国の龍
龍の生態を研究しよう！

中国の「龍」は、見た目の特徴とか、特殊能力とかがはっきり決まってるのが特徴ね。中国の人間たちは、わたしたち「龍」のことをたくさん研究していっぱい本を出してるから、それを使って龍のことを教えようかな。教科書作らなくてすむから楽ちんだよ♪

龍の外見 "三停九似(さんていくじ)"

中国では、龍の外見は「三停九似」のルールで描かれます。三停は12世紀中国の学者「羅願曽(らがんかい)」が、九似とは今から1800年前、後漢王朝の学者「王符(おうふ)」が定めたもので、三停九似はこの双方を合体させたものです。まずは「九似」の内容から紹介しましょう。

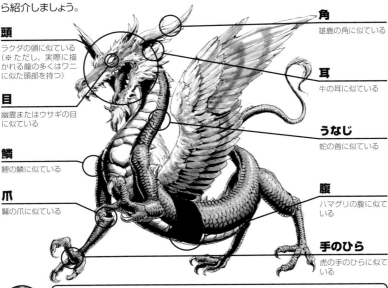

頭
ラクダの頭に似ている
（※ただし、実際に描かれる龍の多くはワニに似た頭部を持つ）

目
幽霊またはウサギの目に似ている

鱗
鯉の鱗に似ている

爪
鷲の爪に似ている

角
雄鹿の角に似ている

耳
牛の耳に似ている

うなじ
蛇の首に似ている

腹
ハマグリの腹に似ている

手のひら
虎の手のひらに似ている

「三停」っていうのは、胴体の長さを決めるルールね。「頭から腕の付け根」「腕の付け根から腰」「腰から尻尾の先端」の3つの長さが全部同じになっているのが正式な龍なんだってこってらしいよ。

龍の特殊能力

中国の龍って、どの龍も似たような能力を持ってるんだよね。ヨーロッパのドラゴンは、見た目も能力も種類が違えばぜんぜん違うから驚いたよ〜。ま、わたしほど偉大な力の持ち主はめずらしいけどね！

　中国で生まれた「龍」は、多彩な姿と能力を持つヨーロッパのドラゴンと違い、おおむね似たような能力を持っています。そのなかでも特に多くの龍が持つ共通の能力は、以下にあげる4つの能力です。

飛行能力

　中国の龍は、西洋のドラゴンや飛竜と違って、多くの場合翼を持っていません。ですが中国の龍は、翼の羽ばたきに頼らなくても不思議な力で空を飛ぶことができます。中国の伝承のなかには、龍は「雲に乗って天を舞う」と説明するものもあります。

水をあやつる

　東洋の龍にとってもっとも重要な能力は、「水」を自在にあやつることであり、しばしば川そのものが龍に例えられます。川や海の水を操作し、津波や洪水を起こすのはもちろんのこと、雲や雷などの、雨に関する自然現象も龍の支配下にあります。

変身能力

　多くの龍は、龍以外の生き物に自在に変身する能力を持っています。もちろん人間に変身することも可能です。東洋の神話や民話に登場する龍が、人間の前にあらわれるときは、龍は人間の姿に変身していることが多いようです。

異種族交配

　中国の龍は、人間と交わって子供を作ることができます。子供が人型で生まれた場合は、特別な能力を持った英雄や偉人になります。龍と交わった人間が龍を生む伝承もありますが、これは167ページで紹介する龍の繁殖の性質とは矛盾する特徴です。

個体ごとの特殊能力を持つケースも

　上ではほとんど同じって言ったけど、もちろん全員が全員同じってわけじゃないよ。たくさんいる龍のなかには、口から炎を吐く「赤龍」とか、幻覚をあやつって人間をだます「蜃」とか……あ、そういえば東海龍王のおっちゃんとか、ヒゲに人間の血をつけて水の中に入れると、水のなかにたくさん金魚が出てくるらしいね。これも特殊能力かな！

中国の龍 — 龍の誕生、進化、繁殖

龍は神みたいに偉大だけど、いちおー、ひとつの生き物でもあるわけ。わたしたちがどんなふうに生まれて、どんなふうにパワーアップしていくのかも決まってるんだけど……昔のことすぎて忘れちゃったから、人間の研究結果を教えてあげるわ、たしか大体あってるし！

　中国の伝承によると、龍は長い年月を経て徐々に成長し、より高位の龍に進化していくと考えられています。

　6世紀の中国でまとめられた、さまざまな民間伝承の紹介本『述異記(じゅついき)』によると、龍の人生は単なる水棲の蛇から始まり、5回にわたって進化するとされています。その内容と各段階の特徴を紹介します。

③龍
蛟龍が1000年間生きると、われわれがよく知る一人前の龍の姿に進化します。

1000年

②蛟龍(こうりゅう)
日本では「ミズチ」と呼ばれる、体長3mほどの大きさの、龍の幼生のような存在です。

500年

500年

①水蛇(すいじゃ)
龍とは、ごく普通の水棲の蛇が、長い年月を生きて進化したものだと考えられています。

⑥ 黄龍(こうりゅう)
応龍のなかでさらに年月を重ねて生きた者が、最高位の龍「黄龍」になります。

?年

1000年

⑤ 応龍(おうりゅう)
鷹の翼が生えた龍です。この応龍こそが最高位の龍だと定める資料もあります。

④ 角龍(かくりゅう)
龍からさらに角が生えた上位種で、虹竜(きょうりゅう)という別名で呼ばれることもあります。

龍はどのように繁殖するか？

中国の伝承では、龍は通常の生き物とは異なる方法で繁殖すると考えられていました。そのやり方は伝承によってさまざまですが、大きく分けて以下にあげる3つの方法で繁殖するとされています。

水蛇が変化したもの

ごく一般的な水棲の蛇が、長い年月を生きると龍に変化する説で、当ページの図はこの思想によるものです。

卵で生まれる

龍は2個の卵を産み、その片方が龍に、もう片方の卵は吉弔（➡ p52）という生物に成長するという考え方です。

自然から生まれる

龍は多くの動物のように交尾して増えるのではなく、流れる水から自然に生まれるという考え方もあります。

中国の龍
中国文化のなかの龍を知ろう!

 僕がこれから大きくなったら、応龍さんみたいに人間の世界でお仕事することになるでちか? それなら、僕たち龍を、人間たちがどんなふうに見てるかも教えてほしいでち! 応龍さんは「神様」って言ってたでちか?

 いぇーす。
中国に住んでいる人間たちにとって、わたしたち偉大な龍族は、神として崇拝する対象なのだ(えっへん)

 うーん、東洋のみなさんはうらやましいです。
退治される心配がないっていいですね……。

龍が治めた古代中国

中国最古の王朝"夏"王朝が生まれる前の時代。神話によれば、この時代の中国は、のちに「三皇五帝」と呼ばれることになる8人が、順番に中国を統治していました。三皇とは神のような存在、五帝は聖人のような存在だったといいます。三皇五帝は8人中ひとりが龍、ふたりが龍の子孫であるなど、中国の統治者と龍は密接な関係にあります。

三皇五帝から政権を引き継いで夏王朝を開いた「禹」は、さらに龍と縁深い人物です。禹は母親ではなく父親の腹の中から「黄色い龍」の姿で生まれ、応龍(➡p44)という龍を使って中国の治水工事を行ったといわれています。

夏王朝の創始者、禹を描いた絵画。画家、馬麟の作品。13世紀の南宋王朝

三皇五帝そのほかの"龍"関係者

伏羲と女媧	神農	黄帝
人類を生み出した夫婦神で、三皇に数えられています。ともに下半身が蛇の姿なので、龍の一種と見られます。	五帝のひとりで、「炎帝」の異名を持つ農業と医療の神。「神龍の徳に感応して」生まれた、龍の子だといいます。	五帝のひとり。人間ではなく龍の姿をしていた、死んだときに龍が出迎えに来たなど、龍との関係が深い人物です。

道教神話での龍 "四神" と "五龍"

中国の人間たちが、どのくらい龍を尊敬してるか知りたかったら、中国の「世界のしくみ」を調べて見るといいよ。
どこにもここにも龍が出てきてびっくりすることまちがいなし！

　中国で広く取り入れられた思想体系「道教」は、世界の仕組みについて深く考察した思想です。彼らは東西南北の方位や、世界を形作る「元素」に注目し、それに関連して「四神」や「五龍」と呼ばれる、龍などの想像上の生物を生み出しました。

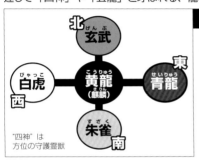

方位を守護する"四神"

　中国には、東西南北の4つの方位に、それぞれ1体ずつ、方位を守る聖獣がいるという思想があります。この聖獣のことを「四神」といいます。四神のなかで東を守護するのが「青龍」です。
　また、4つの方位に「中央」を加えて、5体目の聖獣を置くこともあります。この場合中央に置かれるのは、日本ではビールのラベルなどでおなじみの「麒麟」か、最高位の龍とされる「黄龍」です。

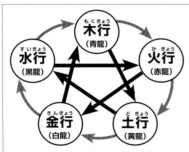

五行の龍"五龍"

　中国では、すべての物質は「木火土金水」の5種類の元素の組みあわせでできていると考えます。これを「五行思想」といいます。
　五行思想では、5種類の元素それぞれに対応する龍（左図参照）が定められており、これらをまとめて「五龍」と呼んでいます。

⬅ 順番に相手を生み出す「相生」の流れ
⬅ 相手を打ち滅ぼす「相剋」の流れ

"四海龍王"もいるよ！

　四方を守護する「四神」のほかにも、中国には世界の海を支配する龍王がいるんだ。東の海を支配するのは、84ページで紹介した東海龍王の敖廣。ほかにも、93ページで紹介した北海龍王の敖順、南海龍王の敖欽、西海龍王の敖閏の4人だよ。ただ龍王の名前は、出てくる作品によっても違いがあるから気をつけてね。

中国の龍
皇帝と龍の関係

中国っていう国は、代々「皇帝」っていう人間が統治する国なんだ。
その皇帝のシンボルマークは"龍"なのさ！
これは何千年も前からずーっと変わってないんだよ！

わぁ、何千年もってすごいでち！
……そういえば応龍さん、「皇帝」っていったいなんなんでち？

皇帝って言うのは、人間のなかでいちばん偉いヤツさ。
この偉大な応龍さんの上司、中国の最高神の「玉皇上帝」サマが、「おまえが地上を統治するんだぞー」って皇帝に命令するんだよ。

皇帝のものには何でも"龍"がつく！

　中国において、龍は皇帝をあらわすシンボルマークとして利用されており、皇帝のことをしばしば龍に例える文化があります。そして皇帝の持ち物には以下のように「龍」の名前がつきます。中国の皇帝と龍のあいだには、それほど密接な関係があるのです。

龍車（りゅうしゃ）……皇帝が乗る車のこと
龍顔（りゅうがん）……皇帝の顔を意味する隠語
龍袍（りゅうほう）……「清」王朝の皇帝が着る黄色の衣服
龍種（りゅうしゅ）……皇帝の子供のこと
龍影（りゅうえい）……皇帝の外見のことを意味する隠語

龍をたくみに利用した皇帝「劉邦」

　龍をいちばんうまく利用した皇帝さんは、今から2200年前、「漢」っていう王朝を作った「劉邦」さんじゃないかな？
　劉邦さんはそれまでの中国の王様と比べて身分が低い家柄の出だったから、「自分は赤龍の子孫なんだぜ」って名乗って、龍の子供じゃしょうがないって感じで、家柄の弱点を無効化しちゃったんだ。

龍が皇帝のシンボルマークになったわけ

それにしても、なんで龍が皇帝のシンボルマークになったんだろうね？ あのころ会議とかあんまり聞いてなかったからなー。
現代の人間たちは、ふたつくらい有力な説があるって言ってるけどね。

 皇帝も龍も"天と地を行き来する"から！

中国にまだ皇帝という言葉がなかったころ、中国の支配者は、天帝の息子を意味する「天子」と呼ばれていました。天帝とは中国の最高神で、天上世界（宇宙）に住んでいます。天子は天帝と交信できる唯一の存在であり、天帝の指示を受けて地上を統治しているという建前になっています。

そして龍は、天と地を自在に行き来する存在です。天子も龍はどちらも天と地をつなぐ者であるため、両者は同じ存在だと考えられるようになっていきます。

 皇帝の仕事は"水をあやつる"ことだから！

中国の古代文明は、中国北方を西から東に流れる「黄河（こうが）」の流域で発達した農耕文明です。この黄河は、ひんぱんに洪水を起こす暴れ川でした。洪水で作物が押し流されたり、逆に雨が少なくて農地が乾けば、農民の生活はあっというまに破綻してしまいます。そのため中国の支配者がもっとも力を入れたのは、黄河の流れを安定させることで国を豊かにする治水工事だったのです。

黄河は、その暴れぶりや曲がりくねった流域から龍に例えられる大河です。黄河という巨大な龍を制御し、国を守って豊かにする偉大なリーダーが皇帝なのですから、龍は間接的に皇帝の権力と偉大さをあらわしているのです。

皇帝の龍と庶民の龍

中国において、龍は皇帝のシンボルマークでしたが、貴族にとっても人気のある図柄であり、各時代の皇帝たちが家臣たちが龍の服を着ることを条件つきで認めてきました。13世紀に成立した"元"王朝では、5本の爪を持つ龍は皇帝専用で、高級官僚や貴族の龍は爪4本、下級官僚や一般庶民は爪3本の龍を身につけることが許されていました。このほかにも、服に描かれている龍の数が9匹のものは皇帝専用で、貴族や庶民は8匹までしか描いてはいけない、黄色の龍は皇帝専用なのでほかの者は着てはいけない、などのルールがあった時代もあります。

中国最期の王朝「清」の5代皇帝、雍正帝の人物画。黄色の服に五爪の龍が描かれている。

東洋のドラゴン基礎知識
日本の龍

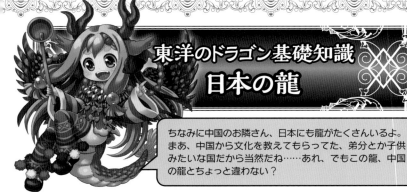

ちなみに中国のお隣さん、日本にも龍がたくさんいるよ。まあ、中国から文化を教えてもらってた、弟分とか子供みたいな国だから当然だね……あれ、でもこの龍、中国の龍とちょっと違わない？

日本の龍と中国の龍の違い

日本で描かれる龍の姿は、一見するだけだと中国の龍とまったく違いがないように見えます。ですが日本の龍には、中国で描かれる龍とはあきらかに違う、無視できない相違点が数ヶ所存在しています。

共通点

●**長い体と手足**
蛇のような長い体、4本の手足、三停九似のルールにのっとって描かれる体の各パーツは中国、日本とも共通です。

●**水をあやつる**
中国で水の管理者とされた龍の「水をあやつる力」は、日本の水神と融合した日本の龍ももちろん有しています。

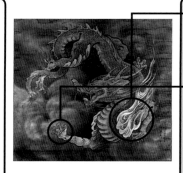

相違点

●**肩のデザイン**
日本の龍は、肩の近くにしばしば小さな翼、または火焔、雲などが描かれます。

●**指の本数**
中国の龍は、指の本数が3本、4本、5本などまちまちですが（→p171）、日本の龍はほとんどが指3本で、手に宝玉を持った姿で描かれます。

日本の龍って、もともと中国の龍と同じものだったんでちよね？なんでこんなに違うものになったでちか？

いや、わたしだってさっき気づいたんだから、聞かれてもわっかんないよー。うーんどうしてだろうねえ？　そうだ、わからないなら知ってるひとに聞こう！玉皇上帝サマ～♪　おしえてくださーい！

日本風の龍ができるまで

玉皇上帝サマってば、「知りたければ自分で歴史を調べんか！」って、それが嫌だから聞いたのに～。でもなんでかは大体わかったかな。要するに、日本が中国と交流しない時期が長かったから、そのあいだに龍の見た目が変わっちゃったんだ。

時　代	中国との交流	できごと
弥生〜奈良	密接	**①龍の流入** 　龍のデザインと概念は、日本と中国の本格的な交流が始まった1世紀前後に日本に伝わり、日本独自の「蛇を水の神とする」信仰と合体して日本独自のものになりました。また、8世紀ごろに仏教が流入すると、難陀龍王（→p90）などのインド生まれの「ナーガラジャ」が、中国で龍の姿に変えられたものが流入してきます。
平安 鎌倉	891年 疎遠	**②日本独自の龍の発展** 　西暦894年、日本は中国に使者を送る「遣唐使」を廃止します。これにともない中国の最新の情報が極端に減少し、日本の龍は中国の龍とは異なる独自の進化を始めます。 　遣唐使廃止から200年ほど経過すると、日本の龍は「角が1本」「前足の付け根に翼状のものがある」「背びれにトゲがある」という、中国の龍とは異なる姿で描かれるようになりました。
室町 安土桃山	1401年 密接	**③中国文化の再流入** 　1410年、室町幕府3代将軍の足利義満が、中国の明王朝との「日明貿易」を再開したことで、中国の最新の龍がふたたび流入します。日本の龍の独自要素は消滅しましたが、「前足の付け根の翼」だけは、同じ位置に火焔を描くという形で生き残りました。また同じころ「竜宮の龍が中国渡来の宝玉を奪った」という歌から、宝玉を握った姿の龍が描かれるようになります。
江戸	1639年 疎遠	**④龍の庶民化** 　それまで、龍とは優雅さを求める貴族や、力強さを求める武士のために描かれるものでした。 　ですが江戸時代になって一般庶民が力をつけ、文化の担い手になると、龍は庶民が求める、どこか間の抜けた滑稽な姿でも描かれるようになりました。日本が外国との交流を制限した1639年の「鎖国」以降、この傾向は顕著になりました。

日本の龍はなぜ指が3本なのか?

中国の皇帝さんが着てた服は、龍の指が5本あったでち。でも日本の龍は、指が3本しかないのがすごく多いでち。なんで日本だけ3本指なんでちかー？

近代の日本では、龍の指の本数といえば3本が一般的です。ですがもともとは、龍の指は4本で描かれることも珍しくなく、奈良時代までさかのぼれば5本指で描かれた龍もいました。

3本指の龍が一般的になったのは、織田信長や豊臣秀吉が天下人となった安土桃山時代です。この時代、「竜宮の龍が中国渡来の宝玉を奪った」という内容の詩を題材にした、宝玉を握る龍の絵が多く描かれました。このとき問題になったのが、龍の指の本数を何本で描くのかという問題です。

典型的な爪3本の姿で作られた、龍の彫像。

日本の画家の多くは、宝玉を持ったときの見栄えが良くなる、3本の指を選択しました。それ以降、日本の龍の多くが3本指で描かれるようになりました。

日本の龍の指が少ない理由わかったよ！ ほら、中国人って、中国が世界の中心で他国は蛮族って考えるでしょ？ 日本は子分の朝鮮よりさらに遠い、身分の低い国だから、指3本の龍しか許さなかったんだって。

「中華思想」ってやつね。
中国って、東西南北の方角ごとに蛮族の呼び名がある国だったものね。たしか東の蛮族は「東夷（とうい）」だったかしら？

（地図を見ながら）つまりママ、中国の東のお隣さんが朝鮮だから「中国の子分」で、日本はさらに東にあるから「さらに子分」ってことですか？

だろうけど……。（年表を見ながら）でも変ね？ 日本で龍の指を3本で描くようになったのって、中国と交流がなかった室町時代後期なんでしょ？ 自分は仲が悪い国の子分だぞーって、龍の指を減らすかしら？

うっ、それはたしかにフシゼンな感じがする……。
やっぱり、カッコイイから指3本にしただけなのかなあ？
玉皇上帝サマ、おしえてよ～！ しらべたけどわかんないし～！

蛇と龍の小事典

　この章では、本書の定義ではドラゴンに含まれないものの、ドラゴンに近しい性質を持つ蛇系の怪物や、カラーページで紹介しきれなかったドラゴンの数々を紹介します。

わたしたちが会ったドラゴン以外にも、ドラゴンとかすごい蛇とかっていっぱいいるわけ。
みずちーが知ってる子も知らない子も、たっぷり紹介してあげる！

蛇とドラゴンで合計37体、たっぷり楽しんでいってね〜。

蛇と龍の小事典①
ドラゴン小事典

144ページまでで、この世界にいるドラゴンたちとたくさんお話ししましたけど、会えなかったドラゴンさんもけっこういるんです。会えなかった29体のドラゴンさんがどんな方たちだったのか、ママと応龍さんにおしえてもらいましたよ。

小事典の見方

アジ・スルワラ ── ドラゴン名
生息地：ペルシア

ドラゴンタイプ
ドラゴンが10～16ページで紹介した、どのタイプに該当するのかをアイコンで表示したものです。

出身地
神話伝承において、そのドラゴンがどこに棲んでいたドラゴンかを示します。

アジ・スルワラ
生息地：ペルシア

　アジ・ダハーカ（➡p22）と同じく、中東発祥の宗教「ゾロアスター教」の神話に登場するドラゴン。頭には角があり、背中からは黄色い毒が吹き出している。性格はどう猛で、人や家畜を襲って貪り食うという、実に悪役らしく描かれたドラゴンである。

　このドラゴンが退治された経緯は少々変わっている。あるとき、ゾロアスター教の神話で活躍する英雄「クルサースパ」が、昼食を取るために火を起こした。彼自身は気づいていなかったが、そこはアジ・スルワラの巨大な背中の上だったのだ。

　背中で燃やされ始めた火の熱さに汗をかいたドラゴンは突進を始め、クルサースパは突然の異変に驚いて逃げ出した。だがこのあと彼はふたたびアジ・スルワラと対決し、みごとに退治している。

アンピプテラ
生息地：ヘナム地方

　17世紀ごろにイギリス南東部、エセックス州のヘナムという地域で目撃されたという、蛇状の体にドラゴンの頭を持つ有翼の怪物。アンピプテラの全長はおよそ3mほどあり、胴体の太さは人間の足くらいだったという。また、大きな目のまわりには肉が厚く盛りあがり、口の中には通常の形の舌と矢尻型の舌の、2枚の舌を持っていた。

　異形の外見とは裏腹に、アンピプテラは特に悪事を働くこともなく、むしろ人間を恐れていた。このドラゴンを目撃した人々が石や農機具を投げつけただけで森に逃げてしまうありさまだった。

　その後、アンピプテラはヘナム地方の地域の名物となり、目撃されてから265年のあいだ、毎年アンピプテラの祭りが行われていたと伝えられている。

ウォントリーのドラゴン
ドラゴン 生息地：ヨークシャー地方

ブリテン島中央部にあるヨークシャーの村はずれにある"ウォントリー"という岩山では、恐ろしいドラゴンが木々を踏みつけ、乳牛を食べ、人々を苦しめていた。

ドラゴンに手を焼く村人は、モアという騎士に退治を依頼する。モアは全体に15センチほどの釘を打った、さながらハリネズミのような鎧を作らせ、それを着て戦いに臨んだ。ドラゴンの鱗は硬く、なかなかダメージを与えられないが、ドラゴンもモアの鎧についた釘のため思い切った攻撃ができない。戦いは2日半も続き、最後にはモアが竜の弱点である尻を蹴り上げてみごと退治した。

越中越後の黒龍
龍 生息地：富山県、新潟県

江戸時代の医師「橘南谿」が日本を旅して書いた『西遊記』『東遊記』という旅行記に書かれた龍。それによれば、越中（富山県）から越後（新潟県）にかけての海では、夏になると龍が昇天するのが見えるのだという。黒雲が起こり海水が逆巻いて空へ昇り出すと、龍はそれに乗って空へと昇る。

ピンときた人もいるだろうが、これは実際には"竜巻"のことだと思われる。そもそも"竜巻"という名前は、水や砂塵を巻き上げる様子が、竜が天に昇っているように見えたことからつけられたといわれているのだ。

鐘ヶ淵の龍
龍 生息地：奈良県

奈良県北東部を流れる笠間川には、川幅が広くなり流れがゆるやかになっている、鐘ヶ淵という場所がある。ここには、昔から龍が棲むという伝説があった。この龍は乱暴者で、洪水を起こしたり家や人の命を奪うなどの悪事を行った。しかしこの龍には、鉄などの"金物が苦手"という弱点があった。

ある日、龍が淵で寝ていたところに、上から大きな金属製の釣り鐘が落ちてきた。あわてた龍は蛇の姿に変身し、下流に逃げたという。鐘ヶ淵という地名は、この淵に鐘が落ちたことからつけられた名前だ。

かろうじて金属の鐘から逃げ出した龍だが、逃げた先に巨大な鐘が落ちてこないとは限らない。そこで龍は、いっそのことと天に昇って苦手な金物から逃れようと考えた。

笠間川の流域には、茶臼山という火山があり、龍はこの山を登り、山頂の火口から上がっている煙に乗って、天へと上っていったと伝えられている。

グウィネズの空飛ぶ蛇
飛竜 生息地：グウィネズ地方

イギリスを構成する国のひとつ「ウェールズ」には、グウィネズ地方を中心に広い地域に"空飛ぶ蛇"の伝承が分布している。

この伝承によれば、ただの蛇が人間の母乳を飲み、キリスト教の儀式のために清められたパンを食べると、翼が生えたり、ドラゴンに変身することがあるのだという。こうしてドラゴンになった蛇は、口から炎を吐き出すため、棲み着いている洞窟の入口からは、いつも炎や煙が出ている。このようにドラゴンになった蛇はウェールズのあちこちにいて、彼らの通り道を横切ろうとする者は彼らに攻撃されてしまう。

このドラゴンを安全に退治するには、とがった釘をたくさん打ちつけた柱の上から赤い布を巻きつけたものを作って、地面に立てる。これを見たドラゴンは、怒り狂って柱に攻撃を始め、赤い布の下に隠れていた鋭い釘ですたすたに引き裂かれてしまうのだ。

グヤスクトゥス
ドラゴン 生息地：アメリカ

19世紀後半、開拓時代のアメリカにはグヤスクトゥスという怪物の存在がまことしやかにささやかれていた。はじめグヤスクトゥスは"アルマジロのような硬い皮に包まれ、

背中に鋭いとげが並んでいるワニやドラゴンのような生き物"と言われていたが、しだいに"ウサギの耳と鋭い牙、白い尾を持つ鹿のような生物"と外見が変化していったという。

この怪物は、山の斜面にあわせて足を伸び縮みさせる能力を持っており、それでも間にあわないほど急な場所では、尻尾を岩などに巻きつけてバランスを取るそうだ。

実はグヤスクトゥスは"嘘"から生まれた怪物だ。開拓時代のアメリカでは、木こりたちのあいだでさまざまな噂話やホラ話が広まっていた。グヤスクトゥスも、そうした噂やホラ話から生まれた怪物なのである。

グラウリ
生息地：メッス

フランス北東、ドイツとの国境に近い街メッスに伝わるドラゴン。腹より大きな耳と体全体より大きな頭を持ち、上アゴにも下アゴにも巨大で恐ろしい牙が生え、毒の息で周囲を汚染する力があった。文献に記された外見はかなりの異形だが、フランス人による絵画や彫刻などでは、2本足で背中に翼があり、首と尻尾が長い典型的な飛竜として描かれることがほとんどだったようだ。

グラウリは、たくさんの蛇を従えてメッスの街の劇場に棲みついていたという。しかし、メッスの街を訪れたキリスト教の聖職者「聖クレマン」がグラウリのいる劇場に行き、襲いかかる蛇を、ただ十字を切るだけで撃退した。そして弱ったグラウリの首に帯をつなぐと、近くの川まで連れて行き「どこか荒野まで去り、二度と悪さをするな」と命令した。グラウリはこの言葉に従い、二度と街にあらわれることはなかったという。

淫河龍王
生息地：長安

中国のほぼ中央にある都市「西安」。かつて「長安」と呼ばれたこの都市には「八水」と呼ばれる8本の河が流れている。淫河龍王は、八水のひとつ「淫河」を管理する龍王だ。

龍王とはいっても、淫河龍王は四海龍王（→p84）のような重要な龍王よりも権力が小さく、あくまで淫河の管理だけを任されている。中国ではこのように小さな範囲を管理する龍王が多数おり、なかには「井龍王」という、井戸ひとつを守るだけの龍王までいる。

淫河龍王は、中国文学の傑作『西遊記』の序盤に少しだけ登場している。『西遊記』での淫河龍王は、中国に伝わる宗教「道教」の神「玉皇上帝」の命令を無視して、命令と違う量の雨を違った時間に降らせたことから、当時の中国皇帝の配下に首を斬られるという、なんとも情けない役どころである。

ケルトのスノードラゴン
生息地：アイルランド

ヨーロッパの神話伝承に登場するドラゴンは、基本的に"毒"や"炎"だけを吹き、創作のドラゴンのように、氷や雷などを吹くことはない。その数少ない例外が、イギリスの西に浮かぶ島アイルランドに伝わる、氷を吹きつけるドラゴンである。

ケルト神話の物語『二人の豚飼いの戦い』では、2体のドラゴンが、おたがいの国に雪に埋もれるほどの大雪を降らせている。実はこのドラゴンの正体は、別の国の王に仕える豚飼いにして魔法使いである男たちだった。魔法を使った決闘のなかで、両者がドラゴンに変身して大雪を降らせるに至ったのである。

ゴーチフル&ムシュパリーグ
生息地：月の交点

ドラゴンは天文学の世界にも登場する。ペルシア（現在のイラン）の天文学ではゴーチフルとムシュパリーグというドラゴンが「月の交点」に棲んでいるとされた。「月の交点」とは天文学用語で、太陽・地球・月が一直線に並んで起こる「月食」が起こるポイントのことで、宇宙に2ヶ所しか存在しない。

なお、イスラム教徒の天文学でも月の交点に"ジャウザフル"というドラゴンの名前がつけられていたり、ヨーロッパでも月の交点

の片方を「ドラゴンズヘッド」、もう片方を「ドラゴンズテール」と呼ぶなど、月とドラゴンのあいだには深いつながりがある。

サマエル
生息地：不明（キリスト教の伝承）

「黙示録の赤い竜（→ p128）」の正体は、キリスト教で大天使として、また堕天使としても知られている「サマエル」だという説がある。サマエルは12枚の翼を持つ大いなる蛇という、ドラゴンに近い姿をしているともいわれる。また、サマエルには「神の毒」という意味があり、この天使と蛇とが深く関係していることを想像させる。

シェール・サレ
生息地：トロワ

フランス北部の街、トロワに伝わるドラゴン。セーヌ河上流にあるドン山に棲み、毒の息で大気を汚し、人間を捕まえて食べた。さらに恐ろしいことに、このドラゴンは、睨むだけで人を殺す能力を持っていた。最終的にシェール・サレは、キリスト教の聖人「聖ルー」に退治された。

後世、シェール・サレはこの地域の祭りに取り入れられた。祭りで使う模型のなかには、紐を引くと目や翼が動く、凝った仕掛けのものもあったという。

余談だが「シェール・サレ」は塩漬け肉という意味である。これは祭りで使われたドラゴンの作り物を塩漬けにして保存したことからついた名だといい、ドラゴンの名前が伝承の後に名づけられたことを示している。

七歩蛇（しちほだ）
生息地：京都府

1666年、4代将軍徳川家綱の時代に書かれた怪異小説集『伽婢子』に登場する怪物。"蛇"とされてはいるが、耳が立っていて四本の足があるという龍に似た外見をしている。体長は約12cmほどで色は真っ赤、鱗のあいだは金色に光っているという。

七歩蛇には「この蛇にかまれると、7歩歩かないうちに死ぬ」とい恐ろしい猛毒があり、七歩蛇という名前もここからつけられている。また、この蛇が通った場所にある草は、毒のためかすぐに焼け焦げてしまう。

『伽婢子』では、京都の屋敷に棲み着き、多数の蛇を這わせるという怪現象を起こしていた七歩蛇が退治されている。

シャヴォンヌ湖の白い竜
生息地：スイス

スイス東部にあるシャヴォンヌ湖に棲む、雪のように白いドラゴンで湖の主。長い翼を持っていて、これで水面を波立たせながら進むため、水鳥たちにとても恐れられていた。

鳥たちにとっては恐怖の対象だったようだが、決してこの竜が獰猛であったわけではない。湖にきれいで快活な娘たちが近づくと、竜は急いで泳ぎ寄ってくる。そして娘たちから餌をもらうと、愛想良く礼をしてまた水に潜るのだという。

菅原道真の怨霊（すがわらのみちざね おんりょう）
生息地：不明

菅原道真といえば平安時代の政治家・学者であり、現在では「学問の神」として祀られているほか、死後に朝廷を祟った"怨霊"としての伝説も有名だ。道真の怨霊によるものだとされた事件のなに「道真が青い龍となってあらわれた」というものがある。

道真が死んですぐ、朝廷で強い権力を握っていた「藤原時平」が病に倒れ、この病気は"道真の怨霊"のしわざだとささやかれた。菅原道真に反乱の疑いをかけて九州へ左遷したのが、この藤原時平の一派だったからだ。

時平が高名な僧侶に祈祷を受けると、時平の左耳から、火を吹く青い龍が頭を出した。この龍は自分が道真の怨霊だと明かすと恨み言を述べたという。この出来事からまもなく、時平は亡くなった。

ゾンダーダッハ山の宝を守る竜
生息地：フォアアールベルク

オーストリア西部のフォアアールベルク州に、ゾンダーダッハという山がある。この山のふもとには19世紀ごろまで湖があり、宝を持つドラゴンが棲んでいたという。

このドラゴンは、少女の美しい歌声に聞きほれて水面から顔を出したり、貧しい兵士に自分の宝を与えるなど、善良な人間に対してはとても好意的で、多くのドラゴンと違って自分の宝に執着することもなかった。

しかし、この優しいドラゴンを怒らせる事態を人間が作り出してしまう。ドラゴンが宝を与えた兵士から話を聞いた村人たちは、ドラゴンの巣がある湖にもぐるために、湖の深さを測ろうと、石に糸をつけて湖に沈める。すると湖からドラゴンがあらわれ、村人たちは驚いて逃げ出した。欲深い村人にあきれたドラゴンは、津波を引き起こして村を埋めてしまった。欲にかられた人間に罰を与えたために、このドラゴンは「宝を守る竜」といわれるようになったのだ。

帝王ムラデン
生息地：セルビア

東ヨーロッパの国セルビアの伝承に登場する竜人（ズメウ）の帝王。ムラデンはドラゴン退治話の敵役であるにもかかわらず、人間の勇者ストイシャと和解して義兄弟になるという、たいへん珍しい経緯をたどっている。

ムラデンとストイシャが戦った経緯を知るには、まずストイシャの生い立ちを知る必要がある。ストイシャはある国の王子であり3人の姉がいた。だが自分が生まれる前に、姉たちは3匹の竜人に連れ去られた。成長したストイシャは、姉たちを探す旅に出かけ、姉たちをさらった竜人を次々と屈服させていく。

ストイシャに敗れた竜人たちはみな、ムラデンと定期的に戦争をしていたが、毎回敗れていた。それを聞いたストイシャは、竜人の忠告を無視してムラデンの宮殿に乗り込む。そして激しく闘ううちに、なんとムラデンと意気投合してしまう。こうしてふたりは義兄弟のちぎりを交わしたのだった。

ムラデンと義兄弟になったストイシャは、姉たちをさらった3体の竜人を殺してしまおうと持ちかける。ムラデンもこれに同意すると、ふたりは竜たちを追い詰めて焼き殺し、領土と財宝を奪って、領土はムラデンが、財宝はストイシャが持ち帰ったという。

人間の英雄が3人の姉を3匹の竜に連れ去られ、その竜よりも強い竜と戦うという内容は、ルーマニアの「ゴルィニシチェ（→p66）」の物語とよく似ている。だが、姉をさらったドラゴンを味方につけ、最強のドラゴンを倒すというゴルィニシチェの物語とは正反対の内容になっているのがおもしろい。

ネア・ネソム教会のドラゴン
生息地：西ユラン地方

ドイツの北部に突き出した北欧の小国「デンマーク」の西部、西ユラン地方のネア・ソネム教会に棲んでいたというドラゴン。教会の墓地から死体を掘り起こすなどしており、人々は教会に行けずに困っていた。

そこで近隣の住民は、3年かけて特別なエサで特別な雄牛を育ててドラゴンと戦わせた。ドラゴンと雄牛は相打ちになり、教会には平和が戻った。ところが、伝承によればこのドラゴンの腹の中には若いドラゴンが隠れていて、ドラゴンが牛と相打ちになったあとも生き延びている。この若いドラゴンが大きく成長して、棲みついている教会を引き倒したとき、世界は滅びるのだという。

白龍（はくりゅう）
生息地：中国

中国の伝説に登場する、白い体の龍。中国の竜伝説には「龍が人間の娘に子供を産ませる」という内容がお決まりのパターンだが、白龍の物語は、母体となった娘に多大な負担を強いているのが印象的である。

ある嵐の夜、一夜の宿を求める老人が農村を訪れ、農家の若い娘が老人を自宅に泊めて

やった。翌朝に老人が去ったあと、なぜか娘は妊娠していた。これに怒った家族は、娘を家から放り出してしまう。

やがて娘は白い肉の球を産み落としたのだが、球は水中に落ちると、白龍の姿となったのだという。娘は恐ろしさのあまり卒倒し、死ぬまで二度と意識を取り戻すことはなかった。村人たちは白龍を産んだ彼女を、白龍の母として崇めたという。

八之太郎
生息地：秋田県

秋田県の十和田湖に伝説の残る龍。八之太郎は蛇と人間女性の子供だったが、母親も彼自身もそのことを知らなかった。ところが八之太郎は、水面に写った自分が姿を龍の姿だったことで真実を知ってしまう。彼は山を削り谷をせき止めて湖を作り、そこに棲みついた。これが現在の十和田湖だという。

ちなみに八之太郎には田津子という恋人がいたのだが、彼女も八之太郎が消えた悲しみのあまり、岩手県と秋田県の境にある田沢湖でその身を龍に変えた。おたがい相手が龍になったことを知らなかったふたりは、のちに数百年ぶりに再会して喜んだという。

ブネ
生息地：地獄

魔導書『レメゲトン』などに記載されている悪魔で、配下に30の軍団を従える地獄の大公爵。3つの頭を持つドラゴンの姿をしており、そのうちひとつの頭が人間の顔をしている。ただし言葉は話せず、すべて身振りだけでコミュニケーションをとる。ブネは死体のありかを動かしたり、墓の上に魔神を集めたりするほか、自分に仕えるものを豊かにしたり、雄弁にする能力を持っている。

キリスト教の悪魔各種を紹介している19世紀の本『地獄の事典』によれば、ブネに従う魔神たちは「ブニ」と呼ばれ、ロシアに住むモンゴル系民族「タタール人」に恐れられているのだという。

ベイン・ヴェヘールのドラゴン
生息地：スコットランド

イギリスでもっとも美しい峡谷と呼ばれる、スコットランド西部のグレンコー峡谷。そこへと至る道の途中に、ベイン・ヴェヘールという山がある。これは「竜の山」という意味で、ここにはその名のとおり、ドラゴンが棲みついていたといわれている。

ドラゴンは狭い道を通る人間たちを見つけては襲いかかり、引き裂いて殺していた。そこである人物が、釘を打った樽をつないで橋を作り、その先で肉を焼いてドラゴンをおびだした。肉に誘い出され橋を渡ろうとしたドラゴンは、釘で傷つき死んでしまった。

だが、このドラゴンには子供がいた。子供のドラゴンは成長し、やがて自分の子供を産むまでになった。

しかしこんどは別の農夫が、麦わらの山の中に隠されていた竜の赤ん坊たちを発見する。農夫は危険なモンスターを駆除しようとわら山に火をつけてドラゴンの子供を殺害した。子供を殺されたドラゴンは、絶望のあまり平たい岩に体を横たえて絶命した。

明神池の龍
生息地：奈良県

奈良県南部の下北山村にある明神池には、「ぶつ切りの大蛇の胴体」が龍へと変化したという、風変わりな伝説が残されている。

その昔、明神池の近くにある大峰山で、悪い大蛇が人々を苦しめていた。そこに山伏たちが信仰する「修験道」の開祖、役行角が通りかかり、天狗などが使うような一本歯の高下駄で大蛇の体を3つに踏み切り、杖で遠くへ叩き飛ばして退治した。3分割された大蛇の体のうち、胴体の部分は明神池に落ち、池の中で龍に変わったのだという。

明神池には、池の中に釘を投げ込むと龍があらわれる、池の水を無断で農地に引き込もうとした男たちが3年間も昏睡状態になるなど、龍にまつわる神秘的な伝承がいくつも伝わっている。

メルトセゲル
生息地：エジプト

メルトセゲルは古代エジプトの沈黙の神で、砂漠の墓の守護神である。その姿は、巨大な羽を持つコブラだ。

エジプト神話には、ほかにもにも太陽を飲み込んだ神話を持つ神アペプや、ファラオの守護神で蛇の女王ブト、受胎を司る女神ネクベトなど、（異説も含め）有翼の蛇の姿をしているとされる神や怪物が多い。

ラニオンのドラゴン
生息地：ブルターニュ地方

フランス南西部、ブルターニュ地方の歌や民話などをまとめた『バルザス・ブレイズ』に登場するドラゴン。ブルターニュのラニオン地方で暴れ回っていたこのドラゴンは、額に真っ赤な目がひとつだけあり、胴体は緑色の鱗に包まれた大人の牛のような形で、尻尾は螺旋状にねじれている。針のように尖った角が体中の関節から生えているため、ドラゴンに近づくのは非常に困難だった。

ラニオンの竜は、伝説的なブリテン島の王「アーサー王」を苦しめたという。ラニオンの民にドラゴン退治を依頼されたアーサー王は、ドラゴンと3日3晩戦い続けたが決着がつかず、ドラゴンは巣穴に逃げ帰ってしまう。

アーサー王も苦しめたこの単眼の竜を退治したのは、武力ではなく信仰の力だった。その場に居あわせた信心深いアーサー王の従兄弟が神に祈り、竜に巣穴から出てくるように命令すると、今までの獰猛さが嘘のように、竜は命令どおり巣穴から出てきて、みずから海に飛び込んで死んでしまったという。

ランディロ・グレイアムのドラゴン
生息地：ウェールズ

イギリス、ウェールズ東部のポーイス州で、ランディロ・グレイアム地方の教会の塔に棲み着いていたドラゴンで、人々の生活をおびやかしていた。

このドラゴンは、ヴァヴェルの竜（→p34）やスコルピアー家（→p70）の母親ズメウのように、知恵によって退治された。

ドラゴンを退治したのは、羊飼いの少年だった。彼はドラゴンが塔から出かけているあいだに、塔の中にドラゴンの形をした"張りぼて"を設置した。この張りぼてには、引っかけ鉤やナイフなどの鋭い部品がたくさん取りつけられていたのだ。塔に帰ってきたドラゴンは、この張りぼてをよそ者のドラゴンだと勘違いして襲いかかり、取りつけられた刃物によって串刺しになって死んだという。

レンオーのドラゴン
生息地：東ユラン地方

北欧の小国デンマーク、東ユラン地方レンオーの近くにある丘にいるドラゴン。体長は約2mほどで4本の足と翼を持っている。また、その体は焼けるように熱かったという。

このドラゴンは多くのお金を持ち、たびたびそのお金を南西の方へと運んでいた。そのため、お金を運んでいる途中のドラゴンに刃物を投げつけて当てればお金が落ちてくるとされたが、ドラゴンは非常に高いところを飛んでいるため、簡単には成功しないという。

ロングウィットンのドラゴン
生息地：ロングウィットン地方

ブリテン島の中央部、ロングウィットン地方にある森には、どんな病気も治す魔法の井戸があった。ただその井戸をドラゴンが独占していたため、人々は困り果てていた。

そこでひとりの騎士がドラゴン退治を引き受けた。このドラゴンには、他人から見えなくなる不思議な力があったため、騎士は魔法の軟膏を目に塗ってドラゴンに挑んだが、いくら斬っても倒せない。なぜならこのドラゴンは自分の尻尾を井戸の水につけており、斬られるたびに井戸の水で回復していたのだ。騎士はドラゴンを井戸からおびき出し、なんとか倒すことに成功している。

龍が産む子供「龍生九子」

人間のみなさんの研究によると、龍が生む子供は、龍じゃなくて別の生き物になるそうでち。ドラゴン扱いしていいのかわからないけど、せっかくなので紹介するでちね。

15〜16世紀、明王朝の文家「楊慎」の著作『升庵外集』によれば、龍は親の龍からは生まれてきません。龍は、龍とは異なる9種類の子供を生み、それをまとめて「龍生九子」と呼びます。龍生九子はそれぞれ独特な力を持ち、建物や家具などにその姿が彫刻されることで世間に知られています。

贔屓（ひき）

力が強く、重い者を支えることができるので、建物の柱などに飾られます。

螭吻（ちふん）

「獣に似る」とだけ書かれた謎の生き物。遠くを見ることを好むといいます。

蒲牢（ほろう）

龍に似た形で、吠えることを好む生き物。そのため鐘などに飾られます。

狴犴（へいかん）

虎に似た外見の怪物。訴訟ごとを好むため、監獄の扉などに飾られます。

饕餮（とうてつ）

飲食を好み財産をむさぼる怪物。儀式用の「鼎」に装飾として描かれます。

蚣蝮（はか）

魚に似た怪物です。水を好み、雨樋などの意匠に使われることが多いようです。

睚眦（がいし）

龍に似た外見の怪物です。殺人を好み、武器の装飾や軍旗の意匠に利用されます。

狻猊（しゅんげい）

煙や火を好む、獅子に似た怪物です。寺院の香炉の土台に装飾されます。

椒図（しょうず）

貝や蛙に似た生き物。閉じることを好むため、扉の取っ手の意匠となります。

蛇と龍の小事典②
世界蛇の小辞典

この本では「ドラゴン」だけを紹介してたわけだけど……こういうふうにはっきり基準があると、「ドラゴンっぽいのに紹介されてない子たちが出てくるよね。だから基準から外れた怪物でも、有名なやつはここで紹介しちゃおう！

「世界蛇」："世界規模"の大蛇

本書では、爬虫類の体に手足または翼があるものを広義の「ドラゴン」とみなします。ですがドラゴンの関連書籍では、外見は単なる蛇でも、特に偉大なものは「ドラゴン」とみなすことがあります。

この本では、本書の基準でドラゴンに含まれない爬虫類型の怪物のうち、右にあげる3つの定義のいずれかを満たす者を、世界規模の蛇の怪物という意味を込めて**世界蛇**と呼ぶことにします。そのなかから厳選した、以下にあげる9体の「世界蛇」について、それぞれ紹介していきます。

本書における"世界蛇"の定義

条件1：世界そのものに匹敵する大きな体を持つ

条件2：世界の仕組みを説明するために作られた

条件3：山脈や大河など巨大な自然の人格化

"世界蛇"一覧

レヴィアタン（旧約聖書） ………………………………… 185

ティアマト（バビロニア神話） …………………………… 186

ヨルムンガンド（北欧神話） ……………………………… 187

ヤム＝ナハル（ウガリット神話） ………………………… 188

アナンタ（インド神話） …………………………………… 189

ウロボロス（ギリシャ哲学） ……………………………… 190

ヴリトラ（インド神話） …………………………………… 191

ヤマタノオロチ（日本神話） ……………………………… 192

世界蛇の小事典①
レヴィアタン
Leviathan

status of world serpent

別名	レビヤタン、リウヤーターン、リヴァイアサン
サイズ	身体で全世界を取り囲める
出身	イスラエル

　キリスト教とユダヤ教の聖典『旧約聖書』に登場する怪物のなかで、レヴィアタンは特に有名な存在である。この世に1体しかおらず、世界全体を取り囲む巨体は、「世界蛇」の代表格と呼ぶにふさわしい。

無敵の鱗を持つ海の帝王

　レヴィアタンは、神が7日間かけて世界を作ったとされるとき、5日目に神が創造した生物だという。ユダヤ教とキリスト教の聖典『旧約聖書』に複数回登場するが、そのなかでも特に『ヨブ記』という一編での記述がくわしい。それによればレヴィアタンは、全身が強固な鱗に覆われた巨大な海獣である。鱗は硬くて隙間がなく、人間のあらゆる武器はレヴィアタンの前に刃が立たない。鼻からは煙が立ち上り、口からは炎を吐き出すという。

　『ヨブ記』などの記述には、レヴィアタンには手足や翼があるという表現が見られない。レヴィアタンはワニのような姿をした生物だという意見もあるのだが、そう断言できるだけの情報はないのが実情だ。

19世紀フランスの画家ギュスターヴ・ドレによる、レヴィアタン。蝙蝠状の翼がある、飛竜の姿で描かれている。

　ちなみにユダヤ人の伝承によると、レヴィアタンはキリスト教における世界の終わり「最後の審判」のときにベヒモスという怪物と戦い、敗れたほうが審判に合格した人をもてなす晩餐の食料になることが定められているという。

レヴィアタンの相方「ベヒモス」は竜にあらず

　レヴィアタンと対になるベヒモスって怪物は、ファンタジー系のゲームとかだと、アラブ読みの「バハムート」の名前で、ドラゴン扱いされてることがあるわ～。でもベヒモスの本当の姿は「カバ」とか「魚」よ？　伝承ではドラゴンの姿も蛇の姿もしていないから、あくまで創作のお話だと割り切ってね。

世界蛇の小事典②
ティアマト
Tiamat

status of world serpent

別名：生命の母
サイズ：身体のパーツが全宇宙の土台になった
出身：イラク

　バビロニア神話の女神ティアマトは、その遺体が世界の材料となった女神である。ティアマトはドラゴンや蛇型の怪物ではないが、ドラゴンの一種だと論じられることがあるため、あえて「世界蛇の小事典」で紹介する。

天地創造の礎（いしずえ）となった親子喧嘩

　ティアマトは、124ページで紹介した、中東はイラク地方のバビロニア神話に伝わるドラゴン「ムシュフシュ」の母親である。

　神話『エヌマ・エリシュ』によれば、淡水の神アプスーと海水の女神ティアマトの夫婦神は多くの神々を産んだが、彼らは数々の騒動を起こしたうえ、父神アプスーを殺してしまう。怒ったティアマトは多くの怪物を産んで神々を滅ぼそうとしたが、そのなかのひとり太陽神マルドゥクが神々を率いて戦い、ティアマトを打倒。ティアマトの体をばらばらに引き裂いて、天と地や世界を作る材料にしたという。

この壁画はしばしばマルドゥクとティアマトの戦いを描いた壁画として紹介されるが、これは間違い。実際にはバビロニアの戦神ニヌルタが怪物と戦う場面を描いたものである。

　なお、数多くの書籍で「ドラゴンの起源」と紹介されるティアマトだが、神話や関連文献には、彼女がドラゴンであることを示す確かな記述はない。ティアマトの体を構成するパーツは、「両目、鼻の穴、乳房、尻尾、太もも」などが文献に書かれているが、ドラゴンに関連する特徴は尻尾くらいしかないのだ。そのため現在では、ティアマトがドラゴンの起源だとする説は明確に否定されている。

じゃあ「人間」はなにで作られた？

　世界の材料はティアマトさんの死体だったけど、人間の材料はティアマトさんじゃなくて、ティアマトさんが産んだ「キングー」っていう神様の死体だったらしいでち……ええっ!?　ティアマトさん、このキングーって神様と再婚したんでちか!?　自分が産んだ息子でちよ!?　アリなんでちか!?

世界蛇の小事典③
ヨルムンガンド
Jörmungandr

status of world serpent

別名:	ミズガルズオルム
サイズ:	人間界を身体で囲い、さらに尻尾をくわえられる
出身:	北欧

　北欧神話に登場するヨルムンガンドは、人間が住む世界「ミズガルズ」全体をその胴体でとりまくという、恐るべき長さを持つ海蛇である。その長さから「ミズガルズオルム」（ミズガルズの蛇）という異名も持っている。

海底で運命の日を待つ世界蛇

　北欧神話では、「世界樹」（ユグドラシル）という巨大な樹のなかに、人間と巨人が住む「ミズガルズ」など９つの世界があると考える。ミズガルズは大陸のまわりを海が取り囲んだ世界であり、ヨルムンガンドは海の底でこの大陸全体を取り囲んでいるのだ。

　北欧の民間伝承によれば、空に浮かぶ「虹」は、ヨルムンガンドの胴体の一部が海からはみ出て、水面から空中にアーチ状に飛び出ているものなのだという。

　ヨルムンガンドは北欧神話の神ロキが、巨人族の女性とのあいだにもうけた子のひとりである。生まれたころは常識的な大きさだったが、神々に「いつかこの蛇が世界の脅威になる」という予言が下ったため、神々によって海に捨てられた。ところがヨルムンガンドは期

1847年の神話解説書の挿絵より、世界樹の想像図。中央の陸地を取り巻く輪のようなものがヨルムンガンドである。

待に反して海の底で成長し、上で説明したような巨大な蛇になったのである。そして北欧神話で予言されている最終戦争「ラグナロク」で、ヨルムンガンドは海から地上に這い出し、北欧最強の雷神であるトールと戦って相討ちになると伝えられている。

世界蛇を釣りあげろ！

　第１回！ ヨルムンガンドフィッシング大会～!!
ヨルムンガンドってあんまり頭がよくないから、魚と同じように釣ることができるんだよ。ヨルムンガンドが絶対食いつくスペシャルエサは「牛の生首」！
だけど釣り上げるにはとんでもない力がいるから、竿を取られないように注意だよ！

世界蛇の小事典④
ヤム＝ナハル
Yam=Nahar

status of world serpent

別名	王子ヤム、裁き手ナハル
サイズ	不明
出身	ウガリット（現在のシリア西部）

　中東地方の西端、地中海の海岸に近い古代都市「ウガリット」の神話には、ヤム＝ナハルという世界蛇が登場する。ウガリットの言葉でヤムは海、ナハルは川をあらわす。つまりこの蛇は、地上にあるすべての水を神格化した存在なのだ。

蛇退治は雨期と農業のはじまり

　ヤム＝ナハルは、ウガリット地方の最高神バアルのライバルとして登場する水神で、神話では単に「ヤム」と表記されることが多い。ヤムとバアルの争いを描いた神話『バアルとヤム』では、ヤムの外見をはっきりと示す表現は少ないが、「曲がりくねる蛇」「7つの頭の暴れ者」という表現があることから、複数の頭部を持つ蛇のような外見であったことが推測できる。また「裁き手ナハルの両手のあいだを」という表現が見られることから、ただの蛇ではなく手が生えていた可能性もある。

　ヤムはウガリットの至高神「エル」のお気に入りで、世界を支配する王に任命された強大な神だった。だが、エルがあまりにヤムのことを"えこひいき"し、ほかの神々に「ヤムの下僕となり、ヤムに宝を献上しろ」と命令したため、一部の神々がこれに反発した。その中心となったのが嵐の神「バアル」である。バアルは技術の神コシャル・ハシスが、ヤムを倒すためだけに作った2本の棍棒を振るい、ヤムの頭部を叩き割って勝利。その身をバラバラに引き裂いたとされている。

　ウガリット地方では、冬になると海が荒れる（すなわちヤムが暴れる）という。そして海がおとなしくなる（ヤムが倒される）と、乾いた大地に雨が降り、農業が再開される。つまりこの神話は、冬の乾期から春の雨期への気候の移り変わりを、神々の戦いという形であらわした物語なのだ。

世界蛇レヴィアタンの親戚か？

　ヤム＝ナハルさんの神話は、いまから3500年くらい昔に書かれたものなんだそうです。この神話より500年〜1000年くらいあとに、ユダヤ教の『旧約聖書』が書かれたんですけど、実は185ページで紹介した世界蛇のレヴィアタンさんって、このヤムさんと同一人物か、ヤムさんの部下かも知れないらしいですよ。

世界蛇の小事典⑤
アナンタ
Ananta

status of world serpent

別名：アナンタ・シェーシャ、シェシャ、ヴァースキ

サイズ：胴体が宇宙に匹敵する長さ

出身：インド

　インドの宗教「ヒンドゥー教」の神話に登場するアナンタは、「宇宙蛇」という壮大な異名を持つ、巨大な多頭の蛇である。この蛇は、約40億年ごとに訪れる終末の日に、この世のすべてを破壊するという重要な役目を担っている。

幾度となく繰り返される破壊と創造

　アナンタとは「無限」という意味である。宇宙蛇という異名は、胴体が宇宙に匹敵するほど長いことからついたあだ名で、本来の名前はシェシャという。頭の数は最大で1000本、それぞれの頭から毒液や炎を吹き出すことができる。

　ヒンドゥー教の神話では、世界は神々によって一定周期で破壊され、作り直されるものだと考えられている。いつか来る世界の終わりの日に、全宇宙に存在する物すべてを破壊するのがアナンタの役目なのだ。

18世紀インドの宗教画。アナンタの上でヴィシュヌが休み、彼の妻ラクシュミがその足をマッサージしている。

　こう聞くと破壊的な恐ろしい怪物に思えてくるが、神話でのアナンタは神々に平和利用もされている。例えばインドの神々は「アムリタ」という霊薬で不死の力を得るのだが、この霊薬を作るため、神々は巨大な山を海に入れ、これにアナンタを巻きつけてコマのように山を回すことで、海をミキサーのようにかき混ぜてアムリタを作っている。また、世界を維持する神ヴィシュヌは、自分の仕事がないときは海にアナンタを浮かべ、ベッド代わりにして眠るという。

世界を支えるアナンタ

　世界をぶっこわす命令を受けてないとき、アナンタは地下の世界にいて、でっかいボディで世界そのものを支えてるらしいよ。何十億年も自分が支えていたものをぶっ壊すのって気持ちいいのかな？　もしかすると「重い物持たせやがって～！」って感じでイライラしてるのかもしれないね！

世界蛇の小事典⑥
ウロボロス
Ouroboros

status of world serpent

名前の意味：尾を飲み込む者

サイズ：概念的存在のため大きさは存在しない

出身：ギリシャの思想

　ウロボロスとは、自分の尻尾を飲み込んだ蛇の意匠である。これは神話世界の生物でもなければ、ドラゴン退治物語の登場キャラクターでもない。その形状で「循環」「永遠」「無限」「完全」などの意味を示す"シンボルマーク"なのだ。

円環の蛇に託された哲学思想

　ウロボロスとは、ギリシャ語の「オウロ（尾）」と「ボロス（飲み込む）」を組みあわせた言葉で、まさに右のウロボロスの外見をそのまま名前にしたものである。もともと蛇という生き物は、脱皮することで成長したり、長期間餌を食べなくても生き延びる生命力から、不老不死を意味するものだった。この「不老不死」の蛇が「自分自身の尾を食べる」という意匠で、はじまりと終わりが永遠に繰り返す概念「永劫回帰」を表現しているのだ。

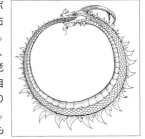

典型的なウロボロスの図像。

　自分の尾をくわえた蛇という意匠はギリシャ以外にも世界各地で見られ、蛇という生物の神秘性が世界中で信じられていたことをうかがわせる。例えば北欧神話の世界をとりまく蛇ヨルムンガンド（→p187）は自分の尻尾をくわえて寝るというし、中国でもアメリカ大陸でも、蛇や龍が自分の尻尾をくわえた姿で描かれた絵画やアクセサリが存在している。また、欧州や中東の錬金術の世界では、ウロボロスは「すべての物質は1種類の原料"プリマ・マテリア"の組みあわせでできている」という、錬金術の世界法則を説明するための図像として利用された。

手足が生えたウロボロス

　ウロボロスってほんとは蛇なんだけど、たまに手足が生えた形で描かれてることがあるのよね。これじゃ蛇じゃなくてドラゴンになっちゃうじゃのねえ。まあ157ページでも話したけど、ヨーロッパの人たちって蛇に足があるかないかを全然気にしてないから、平気で蛇に足を生やして書いちゃうのよね。

世界蛇の小事典⑦
ヴリトラ
Vritra

status of world serpent

別名：アヒ

サイズ：体で川の水をせき止められる程度

出身：インド

　アジア南部の国インドでは、10月から3月までが雨の降らない乾期、6月から9月までが雨が多い雨期となっている。かつてインドの人々は、乾期の6ヶ月間雨が降らないのは、この世界蛇「ヴリトラ」のせいだと考えていた。

インドの川をせきとめた巨体

　ヴリトラとは「障害物」「宇宙をふさぐ者」という意味の異名で、本来の名前は「アヒ」という。その姿は資料によってさまざまに描かれているが、最古の文献ではコブラのように幅広い頭部を持つ蛇として描かれていた。英雄物語『マハーバーラタ』では肌の黒い人間の姿、そして近年の宗教画などでは手足のあるドラゴンの姿で描かれることもある。

　ヴリトラは一種の水神であり、多くの川が流れ出るインドの山々を神格化した存在だともいわれている。神話によると、神々の敵として創造されたヴリトラは、その巨大な体で川をせきとめ、インドの大地を干上がらせてしまった。雷神インドラは、水を取り戻すためにヴリトラと戦うが敗れ、「世界の半分をヴリトラに分け与える」という屈辱的な条件で休戦する。しかしインドラは武装をととのえ策略を練ってヴリトラに再戦を挑み、ヴリトラを討ち果たして世界に水を取り戻したのだ。

　このインドラの策略には多くのバリエーションがある。ある神話では「スラー酒」という悪酔いしやすい酒を飲ませ、泥酔中に暗殺した。別の神話では、「木や石、鉄、乾いたもの、湿ったもののどれでも傷つかず、インドラは昼も夜も自分を攻撃できない」という和睦の条件が追加されていたが、インドラは仙人の骨で作った武器を、朝でも夜でもない夕暮れ時に振るって契約の穴を突いたとされる。

季節を表現するヴリトラの戦い

　ヴリトラが暴れるのは、1年のうち10月から3月まで。これはインドだと雨が降らない時期らしいね。「乾期」だっけ？　春になるとインドラがヴリトラを倒して、6月から9月まで、たくさんたくさん雨が降る「雨期」ってやつが来るんだ。ふたりの戦いはインドの季節をあらわしてるんだね。

世界蛇の小事典⑧
ヤマタノオロチ
八岐大蛇

status of world serpent

別名	八俣遠呂智、八俣遠呂知
サイズ	山8つにまたがる程度の長さ
出身	日本

　日本の神話でもっとも有名な蛇といえば、最高神アマテラスの弟であるスサノオに退治された「ヤマタノオロチ」で間違いないだろう。この大蛇は、出雲国（現在の島根県）を流れる暴れ川、斐伊川と関係があるという説がある。

8本の頭を持つ大蛇は自然そのもの

　日本の成り立ちと歴史を描いた神話『古事記』と『日本書紀』に登場する大蛇「ヤマタノオロチ」は、頭は8本、尻尾も8本、"ほおずき"のように真っ赤な目と、血に汚れた赤い腹を持つ異形の大蛇である。その胴体の長さは8つの谷と8つの山を這いわたるほどで、胴体は苔に覆われ、背中の上にはヒノキや杉の木が生えていた。その姿はまるで山がそのまま動いているような印象を受ける。

　神話によれば、ヤマタノオロチは出雲国の"肥の川"に棲みつき、川の流域に住む老夫婦の娘たちを生け贄として要求。1年ごとにひとりずつ、合計8人を食い殺していた。そして9人目の最後の娘「クシナダヒメ」が生け贄にされそうになっていたとき、夫婦のもとにスサノオがあらわれ、ヤマタノオロチ退治を引き受けたのだ。

　スサノオは老夫婦に、アルコール度数が高い酒を用意させ、ヤマタノオロチをだましてそれを飲ませた。スサノオは酔って眠ったヤマタノオロチの首8本を切り落として殺害。スサノオはその褒美としてクシナダヒメと結婚したという。

ヤマタノオロチ（左右）と対決するスサノオ。江戸末期から明治時代にかけて活躍した浮世絵師、豊原周延の作品。

「肥の川」は島根県に実在する！

　ヤマタノオロチが棲んでた「肥の川」って、どうやら実在するらしいわよ。島根県に流れてる「斐伊川」っていう川で、支流が8本くらいあって、とにかく洪水が多いことで有名なの。日本では洪水を「川が暴れる」って表現することがあるけど、これがヤマタノオロチ伝説の元ネタなんじゃないかしら？

その後のドラゴン

最初に 154 ページで教えてもらったけど、ドラゴンってけっこう古い文化でちよね？ でも最近でもドラゴンの名前ってよく聞くでち。なんでそんな古いものを今でも話すでちか？

ドラゴンは『実在の動物』だった

ヨーロッパでは長いあいだ、ドラゴンは実在する動物だと信じられていました。いつごろまで実在すると信じられていたのか、という明確な証拠はありませんが、日本でいえば江戸時代初期にあたる 17 世紀に発行された書籍には、ドラゴンをその他の実在生物とひとくくりにして紹介したものが複数存在しています。

ヨーロッパの人々が世界一周をなしとげ、地球上の未踏の地を踏破していくにつれ、ドラゴンなどという生物は実在しない、古代の人々が想像した架空の生き物なのだという認識が広がっていきます。ドラゴンは、街のお祭りや昔話などに登場するだけの、とるにたらない存在だと思われるようになっていきました。

『ファンタジー』でのドラゴンの復権

ドラゴンは 20 世紀に、華々しく復活しました。イギリスの言語学者 J・R・R・トールキンが、古い時代の英語を研究する過程で「ベオウルフのドラゴン」（→p116）に注目。北欧神話のエッセンスを取り入れた『指輪物語』『ホビットの冒険』などのファンタジー小説で、ドラゴンを「炎を吐き、賢く強大な力を持つ敵」として描いたのです。

トールキン以降、ドラゴンはファンタジー作品における定番の敵役となりました。いまでは世界中の映画館などで、3D 技術を駆使した、迫力あるドラゴンの姿が鑑賞できるようになっています。

21 世紀を代表するファンタジー小説『ハリー・ポッター』シリーズのドラゴン。アメリカ、ユニバーサル・スタジオのアトラクションより。撮影者：osseous from Oakland Park, U.S.A.

昔みたいに、人間たちが「ド、ドラゴンだー!!」って、本気でブルブルおびえることは期待できないわね〜。そのかわり、かっこいいドラゴンを見たいとか、賢いドラゴンとお話ししたいとか、なんだか人気者になってるわ。

忘れられるよりはいいことだよ〜。
アジアじゃ、いまでも龍がいるお寺や神社にお賽銭くれる人間が多いしね。これからも末永くよろしくって感じかな！

結局、如意宝珠のゆくえは……？

終わった……終わっちゃったよ……。
みずちーに授業して現実逃避してたのに……。
どこいったのさ如意宝珠！ 出てこないと黄帝様にコロサレルー!!

（ファフニールのことをじとーっと見ながら）
ママ、あきらめてください。
悪いことやめないなら、パパに叱ってもらいますよ。

むー……しょうがないわねえ。愛しのジークに嫌われたくないし……。
はい、応龍さん、如意宝珠。ごめんね、わたしたちが持ってたの。
あんまり素敵なものだから手放すのが惜しくて……ごめんなさいね。

ええっ!? 宝珠……!? や、やったでちー！
応龍さん、やっと宮殿に帰れるでちよ！

ええっ、持ってたなら言ってくれればいいのに～！
でも助かったよ、拾ってくれたんでしょ？ いいっていいって！
お礼はまたあとでしにいくからね～っ!!

・・・・・

おそくなってすいませーん！ 如意宝珠、見つけてきました～!!
いやーまさかヨーロッパまで行くことになるとは思いませんでしたよー。
……あれ、黄帝様、どうかしましたか？

イラストレーター紹介

西から東までいろんなドラゴンのイラストを描いてくれた、58人のイラストレーターを紹介するよー!

島風
●表紙

表紙を描かせていただきました島風と申します。ドラゴン娘というと獰猛なイメージがありますが今回は戦うより飛ぶより寝るのが好きそんな引っ込み思案なドラゴンにしました。

Soundz of Bell
http://homepage2.nifty.com/sob/

C-SHOW
●巻頭、巻末コミック
●案内キャラクター
●聖ダニエルのドラゴン(p77)

ナビゲーションキャラクターの応竜たちと、聖ダニエルに退治されたドラゴンを担当させていただきました(久々に一枚イラストを描かせていただいたので、とっても緊張しています)。ナビキャラのファーファは、実は女の子になる設定もあるので、いつかそちらも描けたら嬉しいですね!

おたべや
http://www.otabeya.com/

B.tarou
●アイトワラス
(p21)

「アイトワラス」を描かせていただきました。小悪魔ドラゴンっぽく表現してみましたが、いかがでしょうか…代償がオムレツというところがカワイイんですけどね〜

TAROU'S ROOM
http://shirayuki.saiin.net/~bbrs/tarou/top-f.html

Genyaky
●アジ・ダハーカ
(p24)

アジ・ダハーカを描かせていただきましたGenyakyと申します。千の魔法を使い倒すことの出来ない悪の根源、この心くすぐられる最強感堪りませんね! 好きな要素たくさん詰められたので楽しかったです!

SHELLBOX
http://genyaky.blog.fc2.com/

月上クロニカ
●アスプ(p27)

毎度どうもです。今回はアスプを担当させていただきました月上クロニカです！
ちっちゃいけど超猛毒をもってる危険なドラゴン！でも音楽が好き過ぎて、聴くと踊り出さずにいられない！ そんな彼女たちの愉快なトコロを表現出来たら、と思い描いてみました。いかがでしょうか？

CheapHeartArk-PictHut
http://tsukichro.chottu.net/

らすけ
●赤い竜と白い竜(p29)

今回「赤い竜と白い竜」を担当させていただきました。2匹が戦っている姿をどういった構図でまとめるか非常に迷いました。また2匹自体も対になるようなデザインになるよう心掛けました。皆さんはどちらのドラゴンがお好きですか？

Raison d'etre
http://rathke-high-translunary-dreams.jimdo.com/

みそおかゆ
●イツァムナ(p33)

イツァムナを担当させていただきましたみそおかゆと申します。双頭のイグアナの姿で恵みの雨を降らせたり食物育てたりそんな神様でドラゴン的な方だそうです。所々に縁のあるモチーフを入れて楽しく書かせていただきました。家の庭で育ててる食物も大きくしてくれたらなぁなんて。

みそおかゆなべ
http://misookayu.tumblr.com/

p!k@ru
●ヴァヴェルのドラゴン(p35)

ヴァヴェルの竜。人々や家畜を食い荒らしたとされるポーランド伝承の凶悪な竜で、腕はなく胴体から数本の竜頭が生えた異形の形だったそうです。
この竜は転んだ時が萌えるポイントだと確信しております ˘v˘*

pixiv ページ
http://www.pixiv.net/member.php?id=609038

創-taro
●ヴィーヴル(p37)

ヴィーヴルを描かせていただきました！
ベルトのような衣装で露出を上げようとしてますが、それがあまり下品になりすぎないよう気を遣ってデザインしてみました。透ける翼とか、巻き付く蛇とか、挑戦的なメガネっ子の感じとか、楽しんで描いております！

創-taro's Blog
http://zikan108.blog90.fc2.com/

河内やまと
●ヴィシャップ(p39)

河内やまとです。毒龍で石柱なヴィシャップを描かせていただきました。
なぜか身の周りでボンネット風髪飾りキャラをちらほら見かけたので、
自分も負けじと描いてみましたがいかがでしょうか！

んこみみ
http://kawachiyamato.tumblr.com/

高槻ナギー
●エチオピアのドラゴン(p41)

はじめまして高槻ナギーです。この度エチオピアのドラゴンを描かせていただきました！　こういった本に参加するのは初めてでしたので感想等をいただけると生きる希望に繋がります…！
現在webコミックガムにて『はちびっと彼女』を連載中なのでこちらもよろしくお願いします!!

N絵
http://nagy999.blog35.fc2.com/

荻野アつき
●エレンスゲ(p43)

エレンスゲのイラストを担当させて頂きました荻野アつきと申します。
今回は褐色のセクシードラゴンちゃんを描いてみました！喜んでもらえたら嬉しいです。ドラゴン娘って可愛いですよね！

アつき熱帯夜
http://oginoatsuki.moo.jp/

コバヤシテツヤ
●火竜ヴークとヤストレバッツの怪竜(p49)

王道からは到底かけ離れた物語のドラゴンを描かせていただきました。
ヤストレバッツちゃんは夜這いが日課の破廉恥娘なのでとてもこうふんします。

ジャブロー2丁目
http://www17.plala.or.jp/jabro2/

夏宮ゆず
●ガルグイユ(p51)

ガルグイユを描かせていただきました。
悪戯好きなイメージ。ドラゴンとしては活動による被害が地味なガルグイユ。他のドラゴンに比べると悪戯をしている程度でしょう。水竜なのでやはり肌は露出も多めに。

Be Driven
http://natumiya.sakura.ne.jp/natumiya/

鉄豚
●吉弔(p53)

今回吉弔のイラストを担当させていただきました鉄豚と申します。水辺にいる龍とのことで楽しく描かせていただきました！
ありがとうございました！

こぶらの
http://cobranonono.dousetsu.com/

ミズツ
●クエレブレ(p55)

クエレブレを担当させていただきました。
非常に硬い鱗・水中でも生きられる生態・ドラゴンらしい財宝と美女好きな性格、特徴が分かりやすく楽しく描く事ができました。

pixivページ
http://www.pixiv.net/member.php?id=525603

聞あくあ
- ●倶利伽羅竜(p57)

倶利伽羅龍を担当いたしました聞あくあです。今回は不動明王を描くか倶利伽羅龍を擬人化するか迷ったのですが後者にさせていただきました。褐色ちゃん好きです。
ありがとうございました！

pixiv ページ
http://www.pixiv.net/member.php?id=4057947

田島幸枝
- ●九頭竜(p59)
- ●ファイアードレイク(p109)

「九頭龍」「ファイアードレイク」を担当した田島幸枝と申します。「九頭龍」は頭が9つ！ということでちびドラゴンと女の子の組み合わせに、「ファイアードレイク」は大好きな褐色ドラゴン娘にしてみました。4度目の萌える事典、今回も楽しく描かせていただきました。ありがとうございます！

norari
http://norari.jp/

中壱
- ●ケツァルコアトル(p62)

初めまして。中壱と申します。
お姉さんと脚が好きです。

中壱号機
http://zeb-nakaichi.tumblr.com/

モレシャン
- ●虹霓(p64)

このたびは虹をモチーフにした龍を描かせていただきました！ 空の虹を龍のカップルに見立てたエピソードとっても素敵です。仲良さそうな感じが出てればいいなあと思います！

morechand tumblr
http://morechand.tumblr.com/

samuraiG
- ●ゴルィニシチェ(p67)

samuraiGです。読み方はローマ字＋Gです（挨拶さて如何でしたでしょうか。自分の担当はゴルィニシチェという沢山の尻尾がとってチャーミングなドラゴンです。たぶん可愛い見た目にだまされると火傷する系女の子です。今出来るすべてをつぎ込みました！ 萌えて頂けたなら幸いです。ありがとう！

G屋〜イラスト描くよ〜
http://samuraig.boo.jp/

六角連火
- ●サルコテア大王と四竜王(p69)

金、銀、銅、金剛（ダイヤモンド）、そして大王。それぞれの特徴をそれらしく感じて頂ける絵になっていますと幸いです。

ヘキサイト
http://hexsite.sakura.ne.jp/

しかげなぎ
- スコルピアー家 (p71)
- カットイラスト

強くてかわいくて優しくて素敵なスコルピアお母さんを家族と一緒に描かせていただきました。母は強しです。みんなもお母さんを怒らせないようにねっ強くてかわいくて優しくて素敵なスコルピオお母さんとの約束だよ（怯） ありがとうございました！

SCD
http://www2u.biglobe.ne.jp/~nagi-s/

じんつき
- スピンドルストンのドラゴン (p73)

シリーズ何度目かの参加となりますが、毎回テキストや設定が面白く、楽しく描かせて頂いています。読者の方にも楽しんで頂けたなら幸いです！

vitalline
http://vitalline.jp/

夕霧(ゆうぎり)
- 聖ゲオルギウスのドラゴン (p75)

ゲオルギウスのドラゴンは「毒ドラゴン」という設定でしたが、あまりグロテスクなイメージにならないように気をつけました。

イラスト置き場
http://www.dragonfin.sakura.ne.jp/

玉之けだま(たまの)
- タラスクス (p79)

頭はライオン、手足は熊、背中はトゲトゲの甲羅、太いドラゴンのシッポ、久々にがっつり人外っ娘を描けて大変満足です。

毛玉牛乳
http://cult.jp/keda/

シエラ
- 螢龍 (p81)

初めまして、今回「螢龍」を担当させて頂きましたシエラと申します。螢龍…結局最後まで読み方が分からなかった…。ググるにしても読み方が分からないとググれない…！ 結局ファイル名も担当様からいただいたテキストをコピペして使っていました（笑）

ringlet
http://marrybellis.wix.com/ringlet-jp

KAZUTO FURUYA(かずと ふるや)
- トゥーガリン・ズメエヴィチ (p83)

トゥーガリン・ズメーヴィチを担当させて頂きましたKAZTO FURUYAと申します。今回は竜馬にのった竜人という面白い題材であったため私としても楽しく描かせて頂きました。参加させて頂きありがとうございました！」

pixiv ページ
http://www.pixiv.net/member.php?id=5834305

たわわ実
●東海龍王敖廣 (p85)

今回東海龍王を担当させて頂きました。演舞を舞う竜王と静寂の世界、静と動といった形で今回は描いてみました。
色々調べていくうちに、ちょっと儚げな龍王で描いてみようと今回チャレンジさせていただきました。

花筵ーはなむしろー
http://tawawaminoru2014.wix.com/tawawa-minoru

けいじえい
●トヨタマビメ (p87)

『トヨタマビメ』を担当させて頂きました、けいじえいと申します。
赤ちゃんを抱く母親の母性的なものが出せればいいなと目指して描いてみました。まぁ結局赤ちゃんは置いていってしまうのですが…。「見てはダメ」と言われたら素直に見ないのが一番ですね。

pixiv ページ
http://www.pixiv.net/member.php?id=5021528

yuui
●ドラゴンメイド (p89)

はじめまして、ドラゴンメイドを担当しました、yuuiです。獣人系は好きなので楽しく描けました。
可愛く、尚且つドラゴンの姿に変えられた悲しい娘の姿が表現できていれば幸いです。

pixiv ページ
http://www.pixiv.net/member.php?id=2334129

天領寺セナ
●難陀龍王＆跋難陀龍王(p91)

初めましてこんにちは。天領寺セナと申します！難陀竜王と跋難陀龍王を担当させて頂きました。今回はどう表現するかなど色々悩む事も多かったのですが濡れた布を描くのがとても楽しかったです。素敵なドラゴンの出会いがありますように！

Rosy lily
http://www.lilium1029.com/

えめらね
●ニーズヘッグ (p95)

「ニーズヘッグ」を担当しましたえめらねです。
この子は世界樹の根っこをかじっているらしいですが一体どんな味なんでしょうか。美味しいんでしょうか。そもそもこのドラゴンは雑食なんでしょうか。なんて事を考えつつ、この子の日常生活を想像して描きました。

AlumiCua
http://emerane.dokkoisho.com/index.html

とんぷう
●バクナワ(p97)

冥界の神で7つの月の内6つまで飲み込んだバクナワ。
その割に食べようとしてる所を人に見られてそそくさと海に帰ったり、チョットかわいいとこありますよね。あと神様が月に［竹やぶ］を作って光を弱めたって辺り「あぁ、民話だなぁ…」と思ったり。

ROCKET FACTORY
http://rocketfactory.jpn.org/

あれっきー
●バジリスク&コカトリス(p101)

バジリスク&コカトリスを担当させて頂きました。仲良しの2人です。
「食事の邪魔をしたら石にするよ！」そんなイメージで描きました

pixivページ
http://www.pixiv.net/member.php?id=7569

御園れいじ
●左甚五郎の龍(p103)

左甚五郎の龍を担当させて頂きました、御園です。動いてはいけないものっぽさと言いますか、人ならざるモノっぽさを出すのに試行錯誤しました。白髪赤目は正義！

Grazie!!!
http://algirl.vni.jp/

毛玉伍長
●ピュラリス(p105)

今回ピュラリスを描かせて頂きました毛玉伍長です。炎属性100%のドラゴンさんなので褐色です！褐色イェイ！　すっぽんぽんだけど、鉄すら溶ける溶鉱炉の中じゃ服とかも当然燃え尽きちゃうから仕方ないよね！　群れてるちっこいのが跳ね回ってる感じが上手く出せてたらいいなぁ。

けづくろい喫茶
http://kedama.sakura.ne.jp/

裕
●ピラトゥス山のドラゴン(p107)

ピラトゥス山のドラゴンを担当させていただきました、裕と申します。多人数を一枚に収めるのは大変でしたが楽しく描かせていただきました。少女とドラゴンの交流を何となく感じとっていただければ幸いです。

CAPRICCIO
http://youcapriccio.weebly.com/

久野モトキ
●ファフニール(p112)

ファフニールはドワーフが変身したものだという事で擬人化するにあたってはそれらしくなる様、少々ゴツイデザインにしてみました。

pixivページ
http://www.pixiv.net/member.php?id=1479993

KANtarou
●フェルニゲシュ(p115)

フェルニゲシュを担当させて頂きましたKANtarouと申します。強そうで悪そうなドラゴン娘！とても楽しく描かせていただきました。実はツンデレな性格の子なのでは？と妄想すると大変美味しいです。マイナーなドラゴンということでこの機会にぜひ興味を持っていただけると嬉しいです！

AVOGADO
http://www7b.biglobe.ne.jp/~avogado/

こぞう
●ベオウルフのドラゴン(p117)

子供の頃は大人になったらドラゴンになろうと思っていましたが今のところドラゴンになれてないです。まだドラゴンは諦めていません。

少年少女隊
http://soumuden.blogspot.jp/

rioka
●ペルーダ(p119)

尻尾を使い派手に暴れ回るドラゴン、ペルーダを描かせていただきました。洪水を起こし火を吹くとのことなので、無邪気に様々なものを破壊するような強気の女の子だろうなと思って描きました。

サザンブルースカイ
http://moorioka.moo.jp/

あみみ
●ボラ／クルシェドラ(p123)

子供のころ憧れていた職業（？）ナンバーワンのドラゴンに関する事典に関わることができて幸せです！
白スク水を描くのが楽しかったです！

えむでん
http://mden.sakura.ne.jp/mden/mden.html

tecoyuke
●メリュジーヌ(p127)

この度は、メリュジーヌを描かせていただきました。土曜の夜に竜の姿で入浴をしているシーンです。
高貴な女性としての麗しさと、呪いによる竜の外見の厭わしさを意識してみました。

pixiv ページ
http://www.pixiv.net/member.php?id=4857336

東上文
●黙示録の赤い竜(p130)

あんまり描く機会のないドラゴン娘ですが、今回は赤い竜を描かせて頂きました。青とか黒とか混ぜてちょっと禍々しい感じに。
ツノや尾を描くのが楽しくてしょうがなかったんですが、どうでしょう。萌えますかね？

bohneX
http://2st.jp/syaki/

チーコ
●勇士ペトレアのズメウ(p133)

ドラゴン娘というテーマでしたので、かってに力強いキャラを想像していたら正反対の賢く美しいという設定で少し意表を突かれました。
先入観は良くないですねw

pixiv ページ
http://www.pixiv.net/member.php?id=21101

雛原ハジメ
●ラブシヌプルクル (p135)

雛原ハジメと申します！ 今回はラブシヌプルクルを担当させていただきました！ 人に恐れられ孤独に過ごす寒がりな女の子です。生き物に近づくことが許されない彼女は冷たい身体を丸めてずっと一人で寒さに耐えていたんでしょうか…。どうか彼女が温もりに触れられますように…。

pixiv ページ
http://www.pixiv.net/member.php?id=2016082

皐月メイ
●龍女(p141)

こんにちは皐月メイと申します。今回は龍女を描かせていただきました。いつも指定をいただく前に「今回はどんなキャラクターを描くのかなぁ」っと思ってたりしますが、今回の指定をみてみると「ロリっ娘で」と書かれていて思わずガッツポーズでした。いやぁやっぱいいもんですねロリっ娘。

pixiv ページ
http://www.pixiv.net/member.php?id=381843

しのはらしのめ
●ルナナの龍(143)

ルナナの龍はブータンの子なわけですがずっとブータンってどこかで聞いたような気がしてたのですが思い出しました某なんとかのグルメでブータン料理食べてましたねとても食べに行きたいです。クスクス！ しのはらしのめでした。

しのしの
http://sinosino.cocotte.jp/

湖湘七巳
●カットイラスト

カットイラストを描かせていただきました、湖湘七巳と申します。デフォルメですがとうとう、シスター・マルグリッテさんを描けた事が嬉しかったです！特に会話パートでのシスターが好き。

極楽浄土彼岸へ遥こそ
http://shichimi.la.coocan.jp/

この本を作った人たちを紹介するわ～♪

萌える！ドラゴン事典　staff

著者	TEAS 事務所
監修	寺田とものり
テキスト	岩田和義（TEAS 事務所）
	林マッカーサーズ（TEAS 事務所）
	岩下宜史（TEAS 事務所）
	桂令夫
	たけしな竜美
	鷹海和秀
協力	當山寛人
本文デザイン	神田美智子
カバーデザイン	筑城理江子

藤井英俊(ふじいえいしゅん)
●リアルドラゴンイラスト

Vector scan
http://vectorscan.exblog.jp/

たかへろ
●応龍(p45)

あんぷりふぁ!
http://takaheron.blog.shinobi.jp/

リリスラウダ
●カシャフ川のドラゴン(p47)

リリスラウダ研究所
http://llauda.sakura.ne.jp/

煮(に)たか
●白龍馬(p99)

pixivページ
http://www.pixiv.net/member.php?id=289725

ももしき
●弁才天(p121)

Madness
http://dirtygirlie.web.fc2.com/

salada(さらだ)
●ムシュフシュ(p125)

pixivページ
http://www.pixiv.net/member.php?id=90850

れんた
●リントヴルム(p137)

既視感
http://detectiver.com/

ねえねえみずちーちゃん、この本を作った「TEAS事務所」って、書籍の編集や執筆をお仕事にしている、人間の会社なんだって。

山いもとろとろ(やま)
●カットイラスト

機甲犬小屋
http://kikouken.squares.net/

そうなのですか、ちょうど「ついったー」や「ホームページ」を見つけたんです。ふたりで遊びにいってみましょう!
http://www.studio-teas.co.jp/
https://twitter.com/studioTEAS

主要参考資料

『Dictionary of Fabulous Beasts』Richard Barber, Anne Riches(Macmillan)
『Encyclopedia of Ancient Deities』Charles Russell Coulter,Patricia Turner (McFarland & Company)
『Masks of the Spirit: Image and Metaphor in Mesoamerica』Peter T. Markman (University of California Press)
『The Routledge Dictionary of Gods and Goddesses, Devils and Demons』Lurker Manfred (Taylor & Francis e-Library)
『アジアの龍蛇 造形と象徴』アジア民族造形文化研究所 編(雄山閣)
『アステカ文明の謎 いけにえの祭り』高山智博 著(講談社現代新書)
『アステカ・マヤの神話』カール・タウベ 著/藤田美砂子 訳(丸善ブックス)
『アニメーゴ史 人類の再生と滅びの地』佐藤信夫 著(彩流社)
『アリメニアを知るための65章』中島偉晴、メラニア・バグダサリヤン(明石書店)
『イメージの博物誌 13 龍とドラゴン 幻獣の図像学』フランシス・ハックリー 著／中野美代子 訳(平凡社)
『岩波キリスト教辞典』大貫隆、宮本久雄、名取四郎、百瀬文晃 編(岩波書店)
『岩波仏教辞典 第二版』(岩波書店)
『インド神話』ヴェロニカ・イオンズ 著／酒井傳六 訳(青土社)
『ヴィジュアル版世界の神話百科 アメリカ編』D・M・ジョーンズ、B・L・モリノー 著／蔵持不三也 監訳／井関睦美、田里千代 訳(原書房)
『ヴィジュアル版世界の神話百科 東洋編』レイチェル・ストーム 著／山本史郎、山本泰子 訳(原書房)
『ヴードゥー大全 アフロ民俗の世界』檀原照和 著(夏目書房)
『瓜と龍蛇 いまは昔むかしは今 1』網野善彦、大西廣、佐竹昭広 編(福音館書店)
『エッダ 古代北欧歌謡集』V.G. ネッケル 他編／谷口幸男 訳(新潮社)
『黄金伝説 1〜4』ヤコブス・デ・ウォラギネ 著／前田敬作、今村孝 訳(平凡社)
『王書 ペルシア英雄叙事詩』黒柳恒男 訳(平凡社)
『おぞましいりゅう』デイヴィット・ウィーズナー 著／江國香織 訳(BL出版)
『お月さまを飲み込んだドラゴン』ジョアン・デ・レオン 著／布施雅子 訳(新世研)
『オリエント神話』ジョン・グレイ 著／森雅子 訳(青土社)
『神の文化史事典』松村一男、平藤喜久子、山田仁史 編(白水社)
『カメラ旅行 アイヌの神話』更科源蔵 著(淡交新社)
『新訂 魏志倭人伝・後漢書倭伝・宋書倭国伝・隋書倭国伝 — 中国正史日本伝(1)』(岩波文庫)
『ギリシア神話』フェリックス・ギラン 著／中島健 訳(青土社)
『ギリシア神話』呉茂一 著(新潮社)
『キリスト教 シンボル・デザイン事典』W・エルウッド・ポウスト 著／木村康夫 訳(教文館)
『ゲルマン英雄伝説』ドナルド・A・マッケンジー 著／東浦義雄 編訳(東京書籍)
『幻想辞典』ホルヘ・ルイス・ボルヘス、マルガリータ・ゲレロ 著／柳瀬尚紀 訳(晶文社)
『幻想世界に棲む動物たち』ジョン・チェリー 編／別宮貞徳 訳(東洋書林)
『小型聖書 新共同訳』(日本聖書協会)
『古代オリエント事典』日本オリエント学会 編(岩波書店)
『ジークフリート伝説 ワーグナー「指輪」の源流』石川栄作 著(講談社学術文庫)
『地獄の四季』コラン・ド・プランシー／床鍋剛彦 訳(講談社)
『王書 古代ペルシアの神話・伝説』フェルドウスィー 著／岡田恵美子 訳(岩波文庫)
『王書(シャー・ナーメ) ペルシア英雄叙事詩』フィルドゥスィー 著／黒柳恒男 訳(平凡社)
『シリーズ世界の紋章 ヨーロッパの紋章 紋章学入門』森護 著(河出書房新社)
『シルクロード史考古 11 正倉院からの発見 風』森豊 著(六興出版)
『新口語訳ベオウルフ』大場啓蔵 訳(篠崎書林)
『スウェーデンの民話』ローン・シグセン、ジョージ・ブレッチャー 編／米原まり子 訳(青土社)
『図説キリスト教文化事典』ニコル・ルメートル、マリー = テレーズ・カンソン、ヴェロニク・ソ 著／蔵持不三也 訳(原書房)
『図説古代オリエント事典』ピョートル・ビェンコウスキ、アラン・ミラード 編著／池田裕、山田重郎 監訳／池田潤、山田恵子、山田雅道 訳(東洋書林)
『図説世界未確認生物事典』笹間良彦 著(柏書房)
『図説中国の神々 道教神と仙人の大図鑑』(学研)
『図説メキシコ 混血が生む新しい民族』ピエール・ピニャ・チャン、ベアトリス・バルバ・デ・ピニャ・チャン、村上達也、白田良子、教賀公子 著／宮本雅弘 写真／河出書房新社)
『図説龍とドラゴンの世界』笹間良彦 著(遊子館)
『図説龍の歴史大事典』笹間良彦 著(遊子館)
『聖者の事典』エリザベス・ハラム 編／鏡リュウジ、宇佐和通 訳(柏書房)
『聖なる宝剣』立川武蔵 著(集英社新書)
『世界神話事典』大林太良、伊藤清司、吉田敦彦、松村一男 編(角川書店)
『世界神話大図鑑 神話・伝説・ファンタジー』アリス・ミルズ 監修／荒木正純 訳、監修(東洋書林)
『世界神話伝説大事典』イヴ・ボヌフォワ 編／金光仁三郎、大野一道、白井泰隆、安藤俊次、嶋野俊夫、持田明子 訳(大修館書店)
『世界神話伝説大系 11 中国・台湾の神話伝説』(名著普及会)
『世界神話伝説大系 16 メキシコの神話伝説』(名著普及会)
『世界の英雄伝説 4 ニーベルンゲンの歌 ドイツのジークフリート物語』山室静 著(ほるぷ出版)
『世界の怪物・神獣事典』キャロル・ローズ 著／松村一男 監訳(原書房)
『世界の神話 総解説』(自由国民社)
『世界の民話』小沢俊夫 編(ぎょうせい)
『世界の民話 7 旬の本』ルース・マニング = サンダーズ 著／西本鶏介 訳(TBSブリタニカ)
『世界の妖怪たち 世界民間文芸叢書別巻』日本民話の会・外国民話研究会 編訳(三弥井書店)
『世界の妖精・妖怪事典』キャロル・ローズ 著／松村一男 監訳(原書房)
『世界の昔話 世界民間文芸叢書別巻』竹原威滋、丸山顕徳 編(三弥井書店)
『誰も知らなかった皇帝たちの中国』岡田英弘(WAC)
『チェコスロヴァキアの民話』大竹國弘、編(恒文社)
『地球の歩き方 '07 〜 '08 チェコ ポーランド スロヴァキア』「地球の歩き方」編集室 編(ダイヤモンド・ビッグ社)
『筑摩世界文学大系 1 古代オリエント集』(筑摩書房)
『中国怪異譚御霊志』(2) 蒲松齢 著／増田渉、松枝茂夫、常石茂 訳(平凡社)
『中国古典文学大系 36』太田辰夫、鳥居久靖 訳(平凡社)
『中国史学史上下』表同 著／鈴木博 訳(青土社)
『中国妖怪人物事典』実吉達郎 著(講談社)
『中国』アンリ・マスペロ／川勝義雄 訳(平凡社)
『道教の神々』窪徳忠 著(講談社学術文庫)
『動物シンボル事典』ジャン = ポール・クレベール 著／竹内信夫、西村扇一、ヤン・ロシュ、柳谷巌勝尹直彦 訳(大修館書店)
『ドラゴン神話辞典』ジョナサン・エヴァンズ 著／浜名那奈 訳(柊風舎)
『ドラゴン 神話の森の小さな歴史の物語』ジョイス・ハーグリーヴス 著／斎藤静代 訳(青土社)
『ドラゴン伝説 異国の竜の物語』デイヴィット・パーシィズ、ウエイン・アンダースン 絵／岡田淳 訳(青土社)
『ドラゴン反社会の怪獣』ウーヴェ・シュテフェン 著／村山雅人 訳(青土社)
『トリストンの伝説』(中央公論社)
『ニーベルンゲンの歌』石川栄作 訳(ちくま文庫)
『ニーベルンゲンの歌』石川栄作 訳(岩波社会科学文庫)
『ニーベルンゲンの宝』グスタフ・シャルク 編／相良守峯 訳(岩波少年文庫)
『ニーベルンゲンの指環 リヒャルト・ワーグナー』アーサー・ラッカム イラスト／寺山修司 訳(新書館)
『日本思想大系 往生伝 法華験記』井上光貞、大曽根章介 著(岩波書店)
『日本書紀』坂本太郎、井上光貞、家永三郎、大野晋 校注(岩波書店)
『日本神話事典』大林太良、吉田敦彦 著／青木周平、西条勉、寺田恵子、神田典城、佐佐木隆 編(大和書房)
『日本の神々 後・由来事典 神話と信仰にみる神祇・垂迹の姿』三橋健 著(学研)
『日本の神祇訓み解き事典』川口謙二 著(柏書房)
『日本の辞典』大島建彦、圭室文雄、園田稔、山本節 編(大修館書店)
『バルカンの民話』宮野修、佐藤純一、森安達也、佳谷善也 訳編／本間一郎 監訳(恒文社)
『ハンガリーの民話』池田雅之、岩崎悦子、衆果美子 共訳編(恒文社)
『ブータンの民話』クスム・クマリ・カブール 編／林祥子 訳(恒文社)
『不動明王』渡辺照宏 著(岩波現代文庫)
『フランスの祭りと踊 五月の女王とドラゴン』マリー＝フランス・グースカン／樋口淳 訳(原書房)
『プリニウスの動物誌 1〜3』中野定雄、中野里美、中野美代 訳(雄山閣)
『蛇 日本の蛇信仰』吉野裕子 著(法政大学出版局)
『ペルシア神話』ジョン・R・ヒネルズ 著／井本英一、奥西峻介 訳(青土社)
『ペルシアの神話（王書（シャー・ナーメ）より）』小林恒男 編(泰流社)
『井本英語伝と伝説』渡辺照宏 訳(東洋書林)
『ポーランドの民話』吉上昭三、直野敦、小原雅俊、森安達也、長谷見一雄 共訳編(恒文社)
『北欧神話』K・クロスリィ=ホランド 著／山室静、米原まり子 訳(青土社)
『法華経 上中下』(岩波文庫)
『マビノギオン ケルト神話物語』シャーロット・ゲスト 著／井辻朱美 訳(JICC出版局)
『幻の動物とその生息地』J・K・ローリング 著／松岡佑子 訳(静山社)
『マヤ・アステカの神話』アイリーン・ニコルソン 著／松田幸雄 訳(青土社)
『マヤ・インカ神話伝説集』松村武雄 編／大貫良夫、小池佐二 解説／竹沢尚一郎 訳(現代教養文庫)
『マヤ 古代から現代へ』落合一泰 著(岩波書店)
『マヤ文明 世界史に残る謎』石田英一郎 著(中公新書)
『ものと人間の文化史 126 亀』矢野憲一 著(法政大学出版局)
『ロシアスラブの民話 1〜2』(恒文社)
『妖怪事典』村上健司 著(毎日新聞社)
『妖怪・魔神・精霊の世界 四次元の幻境にキミを誘う』山室静 ほか(自由国民社)
『妖精学大全』井村君江 著(東京書籍)
『ヨーロッパの祝祭』レオン・マルク、ジェニファー・M・ラス、エンツォ・ヴェーラ 著／蔵持不三也 訳(河出書房新社)
『龍の起源』荒川紘 著(紀伊國屋書店)
『龍の百科』出口王治 著(新選選書)
『龍のファンタジー』カール・シューカー 著／別宮貞徳 監訳(東洋書林)
『ルーマニアの民話』直野敦 訳編(恒文社)
『ルーマニアの神々』直野敦、住谷春也 訳編(恒文社)
『ロシア英語叙事詩ブィリーナ』中村喜和 訳(平凡社)
『ロシア民話の世界』藤沼貴 著(早稲田大学出版部)

上智東照宮パンフレット
「近世東アジア海域における航海信仰の諸相：朝鮮通信使と冊封琉球使の海神祭祀を中心に」山内善次
「宋朝媽祖信仰の実像 — 祠廟政策を通して—」森田憲太郎
「媽祖信仰における神仏像の変化について—華光大帝と招宝七郎を例に—」二階堂善弘

●大谷大学ホームページ
http://www.otani.ac.jp/yomu_page/b_yougo/nab3mq0000000r0v.html
●ピラトス鉄道公式ホームページ
http://www.pilatusbahnen.ch/default-n91-sD.html
●Armenian General Benevolent Union of America
http://penelope.uchicago.edu/Thayer/E/Gazetteer/Places/Asia/Armenia/_Texts/KURARM/34*.html

■索引

項目名	分類	ページ数
アイトワラス	ドラゴン	20
赤い竜(ア・ズライグ・ゴッホ)	ドラゴン	28、30
アーサー王	人物	30、182
アーサー王伝説	教典・資料・物語	28
アウラール	竜人	68
アゲマント	竜人	68
アジ・スルワラ	ドラゴン	176
アジ・ダハーカ	ドラゴン	22、23、46、176
アスプ	飛竜	26
阿那婆達多龍王	龍	90
アナンタ	世界蛇	189
アプスー	神仏	124、186
アフラ・マズダ	神仏	23
アペプ	飛竜	182
アラム	竜人	68
アリョーシャ・ポポーヴィチ	人物	82
アルジンツァン	竜人	68
アンピプテラ	飛竜	176
イツァムナ	ドラゴン	32
井龍王	龍	178
イレアナ	人物	132
インドラ	神仏	191
禹	神仏	44、168
ヴァヴェルのドラゴン	ドラゴン	34
ヴァハグン	人物	38
ヴィーヴル	飛竜	36
ヴィースラフ	人物	116
ヴィシャップ	ドラゴン	38
ヴィシュヌ	神仏	189
ウォントリーのドラゴン	ドラゴン	177
ウガヤフキアエズ	神仏	86
優鉢羅龍王	龍	90
『山幸彦と海幸彦』	教典・資料・物語	144
ウラジミール公	人物	82
ヴリトラ	世界蛇	191
ウルド	神仏	94
ウロボロス	世界蛇	190
エチオピアのドラゴン	飛竜	40
越中越後の黒龍	龍	177
『エヌマ・エリシュ』	教典・資料・物語	124、186
エヘカトル	神仏	61
エルナン・コルテス	人物	61
エレンスゲ	飛竜	42、146
『黄金伝説』	教典・資料・物語	74、76、78、139
『王妃ミリツァとヤストラバッツの怪竜』	教典・資料・物語	48
王符	人物	164
応龍	龍	44、165、166
オナクス	その他超常存在	78
ガーゴイル	その他超常存在	50
睚眦	その他超常存在	183
角竜	龍	167
カシャフ川のドラゴン	ドラゴン	46
鐘ヶ淵の龍	龍	177
火竜ヴーク	竜人	48
ガルグイユ	ドラゴン	50
ガルダ	その他超常存在	92
ガルバ帝	人物	129
吉弔	龍蛇	52
『旧約聖書』	教典・資料・物語	76、78、118、155、185
キュロス王	人物	76
共工	その他超常存在	44
玉皇上帝	神仏	84、178
麒麟	その他超常存在	169
白い竜(グイベル)	飛竜	28、30
グウィネズの空飛ぶ蛇	飛竜	177
クエレブレ	飛竜	54、148
クグマッツ	神仏	61
ククルカン	神仏	61
九頭龍	龍蛇	58
グヤスクトゥス	ドラゴン	177、178
グラウリ	飛竜	178
クラク	人物	34
グラム	聖剣	111
倶利伽羅龍	龍蛇	56
クルシェドラ	龍蛇	122
『グレウチャーヌ』	教典・資料・物語	70
徑河龍王	龍	178
ケツァルコアトル	飛竜	60、61
ケルトのスノードラゴン	ドラゴン	178
玄武	その他超常存在	169
『源平盛衰記』	教典・資料・物語	120
虹蜺	龍蛇	64
黄帝	神仏	168
黄龍	龍	167、169
蛟龍	龍	166
ゴーチフル	ドラゴン	178
コカトリス	飛竜	100
黒龍	龍	169
『古事記』	教典・資料・物語	86、144、192
コシャル・ハシス	神仏	188
ゴルィニシチェ	ドラゴン	66、180
サーム	人物	46
西海龍王敖閏	龍	93
『西遊記』	教典・資料・物語	93、98、178
沙悟浄	その他超常存在	98
サタン	その他超常存在	128、160
ザッハーク	人物	23、46
サナ	その他超常存在	54
サマエル	飛竜	179
サラスヴァティ	神仏	120
サラマンダー	その他超常存在	104
サルコテア大王	竜人	68
三蔵法師(玄奘三蔵)	人物	98
シェール・サレ	ドラゴン	179
ジェフリー・オブ・モンマス	人物	28
シグルズ	人物	110、111
七歩龍	龍	179
『王書』(シャー・ナーメ)	教典・資料・物語	23、46
シャヴォンヌ湖の白い竜	ドラゴン	179
ジャウザフル	ドラゴン	178
娑竭羅龍王	龍	90
狻猊	その他超常存在	183
椒図	その他超常存在	183
女媧	神仏	168
ジョン・マンデヴィル	人物	88
神農(炎帝)	神仏	168
神武天皇	人物	86
『新約聖書』	教典・資料・物語	128
菅原道真の怨霊	龍	179
スクルド	神仏	94
スコルピア	竜人	70
朱雀	その他超常存在	169
スサノオ	神仏	192
スピンドルストンのドラゴン	ドラゴン	72
『スピンドルストンの醜い竜』	教典・資料・物語	72
聖ゲオルギウス	人物	74、122
聖ゲオルギウスのドラゴン	ドラゴン	74、76
聖シルウェステル	人物	139
聖ダニエル	人物	76
聖ダニエルのドラゴン	ドラゴン	76
聖母マリア	人物	128
聖マタイ	人物	139

項目	分類	ページ
聖マルガレータ	人物	139
聖ヨハネ	人物	128
青龍	龍	169
赤龍	龍	169
『捜神後記』	教典・資料・物語	64
孫悟空	その他超常存在	98
ゾンダーダッハ山の宝を守る竜	ドラゴン	180
『ダニエル書補遺』	教典・資料・物語	76
タマヨリビメ	神仏	86
タラスクス	ドラゴン	78
蟄龍	龍	80
螭吻	その他超常存在	183
猪八戒	その他超常存在	98
ティアマト	世界蛇	124、186
帝王ムラデン	竜人	180
トゥガーリン・ズメーヴィチ	竜人	82
東海龍王敖廣	龍	84、93
饕餮	その他超常存在	183
『東方旅行記』	教典・資料・物語	88
トールキン（J・R・R・トールキン）	人物	193
徳叉迦龍王	龍	90
ドブルイニャ	人物	66、82
トヨタマビメ	ドラゴン	86、144
ドラゴニ	人物	122
ドラゴンメイド	竜人	88
ナーガ	その他超常存在	56、90、173
南海龍王敖欽	龍	93
『南総里見八犬伝』	教典・資料・物語	80
難陀龍王	龍	90、92
ニーズヘッグ	ドラゴン	94
『日本書紀』	教典・資料・物語	86、144、192
如意宝珠	物品	144
ニンギシュジダ	神仏	124
ネア・ネソム教会のドラゴン	ドラゴン	180
ネイリング	聖剣	116
ノア	人物	118
バークレー卿	人物	159
バアル	神仏	188
蚣蝮	その他超常存在	183
バクナワ	飛竜	96
『博物誌』	教典・資料・物語	100、104
白龍	龍	93、98、120、169、180、181
白龍馬	龍蛇	98
バサラ	神仏	96
バジリスク	ドラゴン	100
八之太郎	龍	181
跋難陀龍王	龍	90、92
贔屓	その他超常存在	183
左甚五郎の龍	龍蛇	102
白虎	その他超常存在	169
ヒュドラ	龍蛇	31、157
ピュラリス	ドラゴン	104
ピラトゥス山のドラゴン	ドラゴン	106
ファイアードレイク	ドラゴン	108
ファフニール	ドラゴン	108、110、111
『フィリーナ』	教典・資料・物語	66、82
ブーク	ドラゴン	20
フェルニゲシュ	ドラゴン	114
伏羲	神仏	168
ブッダ	人物	56、92、144
不動明王	神仏	56
ブネ	龍	181
『ブリタニア列王史』	教典・資料・物語	28、30
プリニウス	人物	100
ブリュンヒルド	人物	111
狴犴	その他超常存在	183
ベイン・ヴェヘールのドラゴン	ドラゴン	181
『ベーオウルフ』	教典・資料・物語	116
ベオウルフ	人物	116
ベオウルフのドラゴン	ドラゴン	116、193
ヘクター	人物	159
ペテロ（初代ローマ教皇）	人物	139
ペトレア	人物	132
ベヒモス	その他超常存在	185
ヘラクレス	人物	31
ベルダ	ドラゴン	118
ベルダンディ	神仏	94
弁才天	龍	120
『封神演義』	教典・資料・物語	93
ホオリ	神仏	86
北海龍王敖順	龍	93
『法華経』（妙法蓮華経）	教典・資料・物語	90、140
『ホビットの冒険』	教典・資料・物語	193
ボラ	ドラゴン	122
蒲牢	その他超常存在	183
『本草綱目』	教典・資料・物語	52
マーリン	人物	30
摩那斯龍王	龍	90
『マハーバーラタ』	教典・資料・物語	191
マルドゥク	神仏	124、186
ミカエル	その他超常存在	129、160
明神池の龍	龍	181
ムシュバリーグ	ドラゴン	178
ムシュフシュ	ドラゴン	124、186
メリュジーヌ	竜人	88、126
メルトセゲル	飛竜	182
黙示録の赤い竜	ドラゴン	128、129
黙示録の獣	その他超常存在	129
ヤーノシュ	人物	114
ヤコブス・デ・ウォラギネ	人物	76
ヤストレバッツの怪竜	竜人	48
ヤマタノオロチ	世界蛇	192
ヤマトタケル	人物	58
ヤム＝ナハル	世界蛇	188
『勇士アグラン』	教典・資料・物語	68
勇士ペトレアのズメウ	竜人	132
『勇士ヤーノシュと黒竜フェルニゲシュ』	教典・資料・物語	114
『勇士ペトレアとイレアナ』	教典・資料・物語	132
『指輪物語』	教典・資料・物語	193
要尊道場観	教典・資料・物語	56
『ヨハネの黙示録』	教典・資料・物語	128、129、160
『ヨブ記』	教典・資料・物語	185
ヨルムンガンド	世界蛇	187、190
ラニオンのドラゴン	ドラゴン	182
ラブシヌブルクル	飛竜	134
ランディロ・グレイアムのドラゴン	ドラゴン	182
ランプトン	人物	159
龍女	龍蛇	140
劉知	人物	170
リュジニャン	人物	126
リントヴルム	飛竜	136、138、148
ルナナの龍	龍	142、144
レヴィアタン	世界蛇	78、151、155、185、188
レギン	その他超常存在	111
レンオーのドラゴン	ドラゴン	182
ロングウィットンのドラゴン	ドラゴン	182
『和漢三才図絵』	教典・資料・物語	52
和修吉龍王	龍	58、90

萌える！ドラゴン事典

2016年4月30日 初版発行

著者　　TEAS事務所
発行人　松下大介
発行所　株式会社ホビージャパン
〒151-0053　東京都渋谷区代々木2-15-8
電話　　03（5304）7602（編集）
　　　　03（5304）9112（営業）

印刷所　株式会社廣済堂

乱丁・落丁（本のページの順序の間違いや抜け落ち）は購入された店舗名を明記して当社パブリッシングサービス課までお送りください。
送料は当社負担でお取り替えいたします。
但し、古書店で購入したものについてはお取り替えできません。

禁無断転載・複製

©TEAS Jimusho 2016
Printed in Japan
ISBN978-4-7986-1221-8 C0076